今もえる理由。

全日本のエースが語る、
わたしとバレーボールの
熱き50年

白井貴子

『今、もえる理由。』

――全日本のエースが語る、
わたしとバレーボールの熱き50年――

モントリオール五輪　渾身の金メダル アタック　©フォート・キシモト

まえがき

白井貴子です。わたしは今年66歳です。わたしの人生は初めはバレーボールの選手、日本代表として皆さまから期待と応援をしていただき、モントリオールオリンピックで金メダリストになることが出来ました。そして引退後は指導者としてバレーボールと関わり続けていく道を望まれ、いろいろ勧めていただきましたが、バレーボール以外の人生も味わってみたいと思い、26歳で引退しました。ですからそれからの人生の方がずっと長いわけで……。勿論たくさんの出来事がありましたが、今記憶をたどってみればやはりオリンピックに関わったあの数年間が一番濃密で強烈な時間でした。オリンピックの後もいろいろあって今日ここにいるわけですが、その間のわたし自身のこと、とくにバレーボールに対して思って来た熱い思いをぜひここでまとめて書いてみたい、語ってみたいと思いこの本を作ることになりました。

２０２０年に56年ぶりにまた東京にオリンピックがやって来ます。２０１６年、リオのオリンピックで日本の獲得メダル数は史上最多、金メダルも12個。期待通りに、また期待以上に沢山の種目で良い結果が出ました。しかし女子バレーボールは全く振るわず実に残念な結果でした。56年前、１９６４年の東京オリンピックで特に盛り上がったのは、この女子バレーボールでした。東洋の魔女と言われ、日本中が文字通り湧きかえり興奮が高まりました。誰もかれもが女子バレーボールを誇りに思ったのです。わたしの周りでもそうでした。中学2年生で、テニス部と美術部に所属していたわたしに「テニス選手に身長は必要ないぞ」と言い「バレーボールをやらないか？」と熱心に勧誘してくれたバレー部の顧問の先生と、テニス部の顧問でありクラス担任だった先生と、この二人の存在がなければわたしのバレーボール人生は始まりませんでした。その気になれず何度も断り続けましたが、一向に引かない大人たちを見て「いろいろなことを経験して見て来た大人がそこまで言うのなら……」と子供ながらに期待に応えたいと思い始めたことが、わたしのバレーボール人生の幕開けでした。

さて、これからわたしのささやかな人生の感想文を語っていきたいと思います。どうぞお気楽に読んでみてください。

目次

著者略歴

白井貴子

1952　岡山県岡山市生まれ。
1968　片山女子学園中退。倉紡倉敷に入社。
1972　ミュンヘン五輪。ソ連に敗れ銀メダル。現役引退。
1973　現役復帰。日立入社。
1974　世界選手権。ソ連を下し優勝。
1976　モントリオール五輪。ソ連を下し金メダル。現役引退。
1977　現役復帰。ワールドカップ。キューバを下し優勝。
1978　現役引退。
2000　日本女子バレーで初めてバレーボール殿堂入り。
現在はNPO法人バレーボールモントリオール会理事。

第1夜

どこから喋りましょうか？（2016年4月15日）

金メダルスマイル

わたしは身長が高いということから中学2年でバレーを始めて、中学・高校とエースで、それから18歳で全日本に入ったんですよ。それでそのまま進んだんだけど、もともと五人きょうだいの末っ子だったから、ほんとうは甘えたいんですよ、お兄ちゃんお姉ちゃんって甘えたい。だけどその全日本っていう世界に入っちゃったものだから、そしてエースになったんで……みんなを引っ張って行かなきゃいけない。それじゃ引っ張っていくにはどうすればいいかっていう、もう日夜そればっかし考えるようになった訳ですよ。それはね「見ざる聞かざる言わざる」っていう境地っていうか絶対的な孤独ですよね。もちろん愚痴なんか言っていられない。言う場所、言う相手がいない。お友達なんか誰もいないですよ。自分を高めることも必要だけど、出来ない人を育てる、それが一番。自分よりも人を育てないと、エースの役目にならない。年下なのに、年下のくせにって言われながらそういうことを考え続けなければならなかったんです。

それは、ミュンヘンオリンピック（1972年）の頃の話ですね？宿敵ソ連からの「金メダル奪還」という状況の中で、とても弱音なんて吐いちゃいられないっていうことですね？

弱音というか、なんて言ったらいいんだろう。もう、特殊な世界ですから。外部との連絡も出来ないしね……。だから、「夜逃げ」って言葉あるじゃないですか。でも「夜逃げ」じゃ絶対に見つかるから、「朝逃げ」しました（笑）。夜は警戒されてるけど、朝は意外とノンビリしてるんですよ。それで朝逃げしましたよ、2回（笑）。でもすぐ見つかっちゃう。要するに、家に1人いて、駅に1人いてっていう感じに手回しよく配備されるんで。「いない！」っていった途端にもうそんな感じで張り込んでる……。だからその駅で乗らないで隣の駅に行くとかして、知恵を働かせるわけですよ。一度大阪のときは、わたしは実家が岡山で姫路に姉がいて、なのでその辺に張り込みされるっていうんで、大阪で木賃宿を見つけてそこに潜伏したんですよ。

独りで？

いや、岡本（真理子）さんと2人です。はじめは3人でやろうっていうことだったんだけど言い出しっぺの183センチの同級生の永野（比佐子）っていうのが「やっぱしいやだ」って言ってやめたの。で、岡本さんとわたしの2人になって、夜の警戒態勢を避けて、朝の「まさかこんな時に」っていう瞬間をついて逃げた（笑）。

それは身ヒトツで……ジャージとかで逃げたんですか？

いやどうだったかな、でも格好より何よりお金がないんですよ。倉紡から給料もらってたんだけど、全日本の寮だったから、手元には現金が全然ないんですよ。とにかく切羽詰って逃げるんですから。それで、ともかくその木賃宿に一日身をひそめて岡本さんは大阪だから、そっちの実家に一緒に帰ったら、いた（笑）。岡本さんのお母さんは心配で寝られないで血圧上がっちゃって死にそうになってたから、こりゃしょうがないって思って体育館に帰って、もう前以上の練習させられました。

逃げるっていう形でストレスを発散した部分も？

ストレスっていうか、まずプレッシャーですよね。小島監督から「この新兵！」って言われて。一番下っ端だから新兵は分かるんだけど、「おまえらバシタはなぁ！」ってよく怒鳴られて、「バシタ？」ってどうしてもわからないから「何ですか、バシタって。どういう字書くんですか？」って訊いたの、思い切って。そしたら「馬より下って書くんだ、馬より下だからバシタだ」って（笑）。

あと「税金泥棒」とも言われました。「なんで泥棒呼ばわりするんですか？」って口答えしたら「おまえらが今着ている服とかオリンピックに行く経費は何処から支給されてるんだ」って。「バレーボール協会じゃないんですか？」って言ったら「バカヤロウ、血税だ！　国民の！」って（笑）。「だから金メダル取らないと、駄目なんだァッ！」って。「オリンピックっていうのは遊びに行くわけじゃない。人様の、血税で行くんだから。結果を出さなければ遊んでるのと一緒だ！」っていう風に追い込まれていたんですよ。

だから、夜逃げ朝逃げっていっても一生逃げてはいられないんだけど、ともかく今この場所を逃げたい、そうじゃないと発狂しちゃうっていう、すごいプレッシャー……。なんつったってまだ19歳の小娘ですからね。

これはいわばアレですね、「ローマの休日」のプリンセス……。

いやあ（笑）、あんな風にカッコ良くはないけど……逃げきれないのは分かってるんだけど「逃げずにはいられない」っていうところは似てるかもね。束の間の自由のあとで、結局は帰らなくてはならない……そして前以上の練習が待っている（笑）。

究極ですよね、そこまでの世界って世の中に余りないんじゃないかな？

いや、戦争がそうだと思いますよ、兵隊さん。もちろん戦争のように食べ物が無くなったり、殺されるかも知れないっていうこともないんだから、兵隊さんと比較するのはちょっとあれなんだけれども。でも怪我をしたらもうおしまいかも知れないという事とか、国中みんなの期待を一身に背負っていることなんかは共通していると思います。

白井さん自身の頑固さっていうのが、また……。

いや頑固ですよ（笑）。頑固っていうより、納得できるかどうかっていうことですよ。納得しないままオーケーしてたら、次でまた同じところでつまずくんですよ。練習っていうのは自分でちゃんとハードルを越えなければ駄目なんですよ。最初のハードルを越えるときはみんながやってくれます、先輩とか監督とか同級生とかね。みんなが手伝ってくれてそれで跳べるんですよ。でもそれをやった後今度は自分でやらなきゃいけない。でもみんなから持ち上げてもらったときは跳べたんだけど、いざ自分で跳ぼうと思ったら跳べない、っていう。そういうことが往々にして起きるんですよ。

なるほど。自力でハードルを跳ぶ難しさ……。

人生のハードルですね、ひとつひとつは小さなハードルなんだけど。跳んで行かなきゃいけない。もちろん最初のハードルっていうのは一人一人違うと思うのね。そういうハードルがバーッと目の前に来た時に、最初はみんなに持ち上げてもらって、わけが分かんないままどんなカッコしてても跳べたんですよ。みんなが脇を持ってくれたり、足を持ち上げたりしてくれてたから。でもちゃんとハードルのカッコをしてないと跳べないじゃないですか、結局。それが勉強なんですよね。みんなどういうふうに跳んでいるのか、自分はどうやったらいいのか。そうやって悩んで、人に教えを乞うわけなんですよ。それを「一回跳べたんだからおれは跳べるんだ」って思って軽く構えて行ったら、跳べない。もう次のハードルもその先のハードルも越えられない。

焦りますね……。

一回越えれば、自分で。自力で一回越えれば「ああやった！　こうやって越えるんだ」っていうのが分かるんだけど。越えたことのない人っていうのはいろんな局面で必ずつまずくんですよ。

自力で越えたって思い込んじゃってる……。

そうそう、それが一番よくない。だって一人一人越えるハードルって違うんだもの。低いハードルもあれば、すごい高いハードルもあるわけ。それでも本人にとっては低いも高いもないですよね。ただその人のハードルっていうだけ。そこにハードルがあって「ああ、なんで自分だけこんなに不幸なんだ」って思っているだけなんですよ。他人から見たら。

いわば主観なんですね、自分の気持ちの持ちようで変われるのに……。

そう。だからわたしはいつも自分に言ってるの「ハードルはね、高ければ高いほど楽しい！」って。高いハードルを跳ぶっていうのは楽しいことなんだ。だって跳び越えて降りたときのあの達成感を考えたら。低かったらさ、ぺろんって終わっちゃうわけじゃないの（笑）。楽しみも少ししかないわけじゃないですか？

達成感……なるほど。

まあハードルっていう言い方をしてるんですけども、人生の局面ということですよ。運命っていうか天命っていうか、特別に「あなたやりなさい！」っていって天から降って来る、目の前に出て来る試練ですよね。その試練の大きさ、厳しさを前にして尻込みしたり、悩んだりすると思うんですよね……でも神様は「越えられないハードルは与えない」っていうんですよ。

神様って意外に慈悲深い……。

色んな神様がいますから（笑）。油断はできないですけどね。越えられないハードルが無いって言ったって、やすやす超えられるハードルばっかり跳んでちゃ何の成長もしないわけですから。ギリギリの限界でようやく超えられるハードルしか人生に意味はないと思っています。

なるほど……。

わたしの2回目のオリンピック、モントリオールね。あの金メダルの前なんかはもう毎日がすごいハードルを跳んでいる感じで。今更こういう事言ってるとナニサマって言われるんだろうけど、当時のわたしは究極的にはコートの上で1対11で戦ってるっていう心境だったんですよ。

1対11？……ってことは敵の6人と味方の5人？……そりゃすごいな。そういう自負心でいかないと駄目なんだってことですかね。

自負心っていうんじゃなくて……本当に自信があったんですよ。自分は十代の時に誰にも負けないくらい練習して来たっていう。練習は裏切らないんですよ。当時だれもわたしに勝てないですよ。だからもう、そういう勝ち負けなんてレベルじゃなくて。あの子たちみんなにもっと巧くなってもらわなければ金メダル取れないって思ってるから。そういう個人同士で勝ち負けなんていうことじゃなくて、もういいから「もっと巧くなって！　もっと巧くなって！」……っていう。

自分のことじゃないんだ（笑）……。

そうだね、ナニサマだね（笑）これ言うと。だけど、わたしはエースだから。みんなを引っ張って全体として上がっていかなければそうしなければ勝てないという絶対的な危機感があったんですよ。自分一人が上にのぼるなんてたかが知れてるんですよ。自分が7とするじゃないですか、あと3で10でしょ。それより2とか3とかの人全員を5とか6とかに上げることを頑張るっていうか、頑張らせなけりゃならないんですよ。

それがエースの責任だと……。

結局チームスポーツが勝つっていうのはやっぱり全体の力なんですよ。たとえば日本の女子スポーツで近年目覚ましく強かったものを考えると、サッカーとかソフトボールとかがあると思うけど、サッカーだったら澤穂希とか、ソフトボールだったら上野由岐子っていうように必ずエースがいるんだけど、彼女たちはもちろん能力があってエースに選ばれているんだけれども、エースっていうのはそれだけではどうしようもない。他の子たちが全員頑張らなければ駄目なんです。極端なことを言うと、エースっていったってたまたまエースだっていうだけで、みんなが頑張らなければエースでいる意味もない。澤にしても上野にしてもそういうことです。エースに選ばれるっていうことはそういう重責を負うわけなんですよ。「自分が自分が」じゃ駄目なんですよ。自分の身体能力ということで「強烈なスター選手」ってまず言われるんだけども、そんなことじゃなくて、全体が強くなければ勝てないんだっていうことがまず頭の中にあるんですよね。全体が強くなればその中で自分がそれをまた引き上げていかなきゃいけない。そういうふうに相乗効果的にパワーを持っていって、良いタイミングで爆発したときに優勝とかメダルというような結果が出るんですよ。

運を引っぱり込む力っていうのも問われますよね……。

ああ、それはあります。それは運っていうより自分が答えを出すんだっていう気概ですよね。それこそがハードルを跳ぶってことですよ。わたしのことで言うなら、白井のところに上げたら決めてくれるっていうのがあったから。それが皆の期待としてそこにある以上、絶対に決める。状況的に無理めでも絶対に決めなきゃっていう気概が出て来るんですよ。そこで決められなかったら？　そんな風には考えないんです。野球でいうなら長嶋選手がそうでしょう。ここぞっていうところで絶対に打てたっていうのはその気概があったっていうことだと思いますよ。運とかいうレベルの話じゃないですね。

第2夜

「運命、天命、使命」（2016年6月15日）

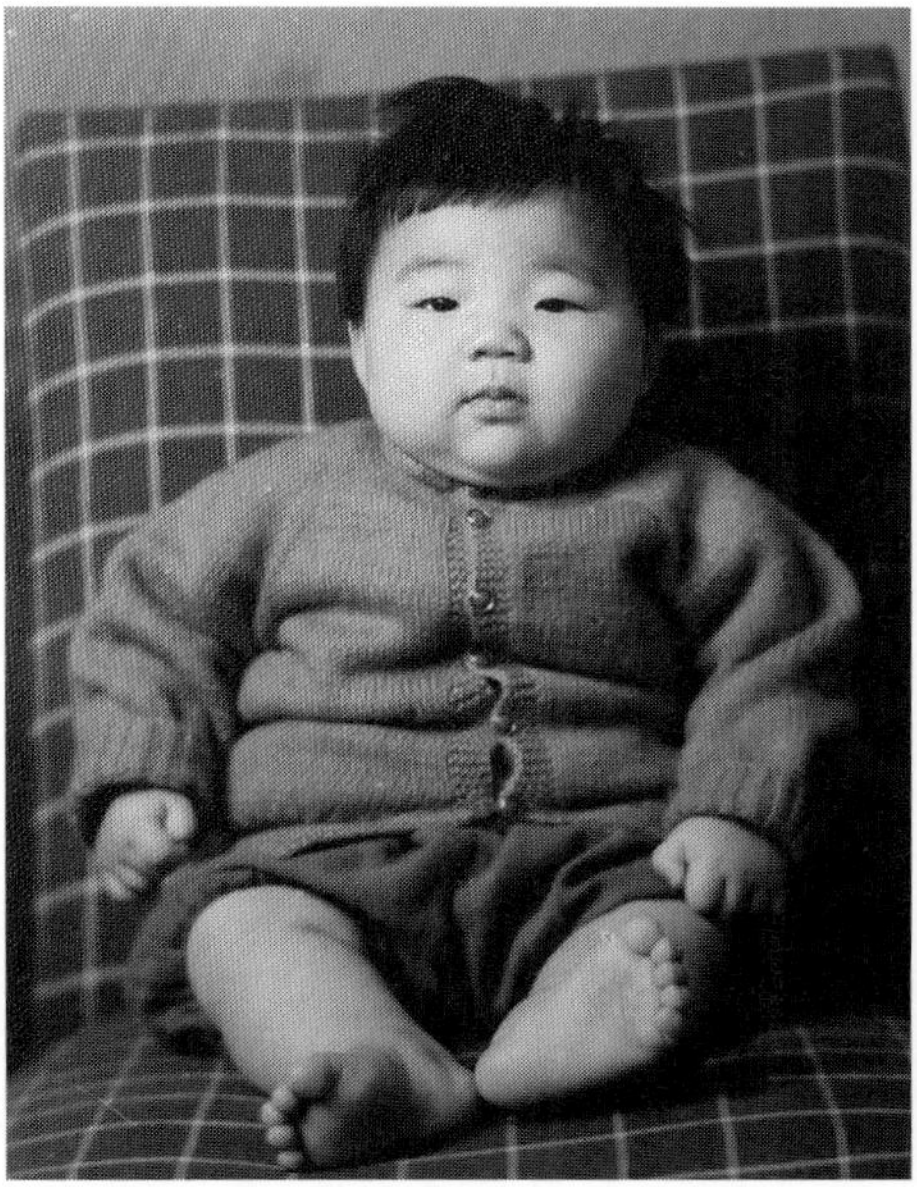

百日祝

占いの話

わたしって、意外と占いにご縁があるんですよ。わたしの人生はね、激動の連続で、いろいろなことがあったんだけれども。そういう人生のココっていう大きな運命の変わり目に、占いっていうか、易学っていうのかな、そういうものに出合うことが何度もあったんですよ。

その一番初めは12歳の時です。わたしには８つ年上の姉がいて、その姉がお嫁に行ったのが姫路だったんですが、わたしは岡山から姫路まで時々遊びに行ってたんですよ。それであるとき姉のところの近くの公園で遊んでたときに、あっちの方から知らないおじさんが「ちょっとちょっと」って呼ぶんですよ。「ちょっとこっちに来なさい」って。それで、なんだろうと思って行ってみたら「手相みてあげるよ」って言われたんですよ。ところが、その時はまだ子供だから手相なんてわからない。第一そういう言葉を聞いたことがないし、もちろん意味もわからないわけです、最初だからね。それでそのおじさんに「手相って何？　どうするの？」って訊いたら「手を出しなさい」って言われて。それでしばらくわたしの手をじっと見てたおじさんが「ああ、これは織田信長と同じ手相だ」って言ったんですよ。そしてそれから「きっと天下とるよ」って言ったんですよ。

うわー、凄い予言ですね。

でもね、その時のわたし自身の反応はよく覚えてます。占いとか手相とかはわかんなかったけど、織田信長っていう名前は一応知ってたし、「天下をとる」っていう言葉も知ってたんで、わたしはその時にそのおじさんに、すぐにこう切り返したんですよ。「おじさん、織田信長の手相見たことあんの？」って。

ははは（笑）確かに。

それからもう一つ、「女が天下とってどうすんの？」って言ったんですよ。切り返しですね、瞬間的に。その一瞬のやり取りだけよく覚えてます。何だったんでしょうね、何でそう答えたか、天下を取るのは男の役目みたいに思ってたのかな？　このこと思い出すとわたしは生意気だったたっていうか、12歳の子供のセリフじゃないって、今更ながら思いますね。

そう言われて、そのおじさんはどういう反応だったんですか？

いや、それはちょっと思い出せないけど、たぶんびっくりしたでしょう。しまったーッて（笑）。想定外の反応ですからね、まあ12歳の女の子をつかまえて「信長の手相だ」って言うほうも言うほうですけどね（笑）。この事件ね、まあ事件じゃなく出来事だけど、わたしに取っちゃ忘れられない人生上の事件ですね。これがあったのは１９６４年、東京オリンピックの年です。なんで覚えているかっていうとこの年姉が子供を産んだんですよ、５月に。その甥はわたしと同じ干支なんで、つまりわたしは１９５２年生まれだからちょうど12歳、合ってますよね。

それは東京オリンピックの前だったんですか？

ああそれはどうだったかな、思い出せないな。暑かったとか寒かったとかね。公園で遊んでたくらいだから普通の気候ですよね。オリンピックは10月でしたけどね。この出来事が東京オリンピックの前なのか後なのかってのはちょっと思い出せないです。

占いに関して、他にはどんなことがあったんですか？

その次の出来事っていうのは19歳のときです。わたしは18歳で全日本に入って、それから19歳でミュンヘンオリンピックのメンバーに選ばれることになったんだけど。あとで聞いた話ではわたしは落ちるはずだったらしいんですよ。でもその時の全日本の監督の小島（孝治）さんが占いが好きであれこれ色々見てもらったりする人だったんですよ。スポーツをやっている人って意外に迷信深かったり、ゲンをかつぐことって多いんですよね。それで、その時残してた20人くらいのメンバーにふるいを掛けて、わたしを落とそうということになってたらしいんだけど、その時にある占い師の先生がわたしの生年月日を見て、「ああ、この人は入れときなさい」って言ったっていうんですよ。それで残ったって……。

ええっ！ 占いで残った？ そりゃすごい。

それだけで残ったなんて言われるとちょっとね（笑）。裏でそういうことがあったのに、わたしはそんなことはちっとも知らないで勇んでオリンピックに行ってたわけです。それでオリンピックの後しばらくしてからそれを知ってびっくりしたんですよ。実はこの話ね、今から5年前かな、ちょうど還暦の時に「ミュンヘンの会」っていう形でみんなで集まったときにあらためて話題になったんですよ。

「ミュンヘンの会」っていうのがあるんですね。

いや、この「ミュンヘンの会」っていうのはね、もともと女子には無かったんですよ。男子はずーっと毎年やってるんですよ。男子は金メダルだったから堂々と。でも女子は、負けたじゃないですか、金取れなかったんで。それで「ミュンヘンの会」はやらないんだってずっと言ってたんだけど、何年か前にＮＨＫのＢＳでミュンヘンオリンピックの決勝戦、あの試合を放送してくれたんで。

それを観た時に、「なんだ、銀メダルでもすごかったじゃないか」ってことになって。40年も経ったけど「ミュンヘンの会」やろうよってわたしが呼びかけたわけですよ。みんなで集まろうよ、入院中の小島監督のところに、みんなでお見舞いに行こうよっていう話になったわけなんですよ。

その席でその占いの話が出て来た……。

なんでその話になったかっていうと、話はちょっと前後しちゃうんだけども、わたしは20歳でミュンヘンの後で一回バレーやめた、引退したんですよ。そのいきさつもどこかですることになると思うけども、とにかくわたしは所属してた倉紡をやめて家に帰っていたんですよ。それで次はユニチカに行くだ、どうだこうだって話があって、ユニチカの人たちはわたしがユニチカに来るんだって思ってたらしいんだけど、わたしの方は、まったく行く気はなかったんですよ。だけどね、そうして現役を引退しているわたしにユニチカの選手が、まあ、いろいろ誘って来るわけですよ。なんでその時に気が付かなかったかと思うんだけど、向こうは、ほら、アマチュアだから。昔は来いとかおいでとかって言えない時代だったんですよ。だけどわたしの中では、もしその人がほしい、あの人がほしいっていうんだったらそう言って来るはずだと思っているから。それを一切言わないで「家に遊びにおいで」っていうから、ああ、何でもないのに優しくしてくれて、なんて親切なんだろうって（笑）。

それで、そのキャプテンの松村（勝美）さん、そのあとすぐ結婚して千葉さんになったんだけど、その松村さんのところに遊びに行っていたときに、さっきのその話、オリンピックの選考で占いの先生がわたしを推薦してくれたっていう話を初めて聞いたんですよ。それでその先生、坪谷先生が松村さんのご近所に同じ八尾市内にいらっしゃるからっていうんで、「将来のことを占ってもらったら？」って言われて、ちょっと行ってみたんですよ、その時に。

そこではどんな占いがあったんですか？

「どこに行け」とか「どうしなさい」とかは一切言われなかったんだけど、一つ言われたのが、「あなたは父さんとのご縁が薄い。ほんとうは占いでは、人の生死を占っちゃいけない、言っちゃいけないんだけど。あなたのお父さんは80歳で亡くなります。」ってそう言われたの。わたしは15歳から家を出ているから確かに父との縁は薄かったんですよ。わたしが生まれたときには父は55歳で、その時20歳だから父も75歳だったのかな？　だから80歳ってことは5年後に亡くなるっていうこと。

そして、実際にちょうど5年後のワールドカップの年に父が亡くなったんですよ。

占いが的中したんですか。

それも、朝、体育館に電話かかってきて、マネージャーが「家から電話だよーっ」て言って、姉からの電話に出た時にわたしから「お父さん死んだの」って言ったんですよ。坪谷先生の言葉がパッと頭に浮かんだのね。

それで、5年前の「ミュンヘンの会」のときにその坪谷先生の話が出て、「あれからもう40年も経つけども先生はお元気なのかな」って千葉さんに訊いたら、「元気も元気、まだ現役でバリバリ観てるよ、一等地にビル幾つも持ってコンサルタントをしてるよ」っていう話を聞いて、それならちょっとご挨拶をと思って、会いに行ったんですよ。

そしたら、わたしの顔を見て第一声、「やあ、いい年の取り方したね」って言われたの。で、「色んなことあって、君大変だったけれども、よく頑張ってるね。どうしてるか気になってたんだよ」って言ってくれたんですよ。

そのときね、なんていうのかな。20歳のときのわたしの後押しをしてくれた力をあらためて感じましたね。

占い。ほかにどんな話が?

あと、巨峰の話ね。

きょほう?

うん、あのブドウの巨峰。これはね、22歳の時の話。日立に入って一年目だったんだけど、その当時、４つ年上の、仲よくしてもらってたヤシカの先輩がいて、その人のお姉さんの知り合いに、九州の人なんだけどもちょっとこう霊的な力を持っているおばあちゃんが居て、わたしに巨峰を送ってくれたんですよ。「絶対に金メダルが取れるように念を入れたから」って。これをみんなにも食べさしてって言われたの。

ふーん、金がとれる巨峰、あ、巨峰だからね。なんか、ビッグパワーみたいな……。

いや、そう言うんじゃなくて。なんていうのかな、やっぱみんな金取りたいじゃないですか。東京オリンピックから10年でもう金とれてなかったから、メキシコも勝てなかったし、なんだかんだ、勝ててなかったから、もうソ連がずっと金だったから。

うん……

だからここで金を取るっていうことはものすごく大事。しかも、世界選手権ていうのは、だいたいそこで取ったメダルが2年後のオリンピックの成績になるっていうことがあって、東京オリンピックも2年前の世界選手権でソ連に勝ってるし。ロンドンオリンピックで日本女子が28年ぶりに銅メダル取った時も2年前に日本でやった世界選手権で銅メダル取ってるんですよ。

それはあながち、ジンクスとかいうんじゃなくて、やっぱ2年前にそれだけのメダルを取ってるてのは、2年後も取れるチームだってことなんですよ。だからオリンピックで勝つためにはここで絶対勝っておかなくてはならない……。

なるほど、重大な局面……

それと、そのメキシコの世界選手権がね、わたしにとって初めての世界選手権だったの。初めてのアジア大会が18歳で、初めてのオリンピックが20歳で。ここが、初めての世界選手権。しかも、その時の山田監督はもうここで絶対金取るんだみたいになってるわけよ。この世界選手権を制覇して2年後のオリンピックでも金取るぞって山田さんはギンギンになってる。ちょうどそういうタイミングで、その、おばあちゃんから金が取れるっていう念が込められた巨峰がおくられたってことは……。

すごく重大なことだ。

そう。それでみんなに「これ食べると金取れるらしいよ」って言って渡したの。みんなはどういう風に思って食べたか知らないけど……。

確認してみたい気がしますね、皆覚えてるかな？

覚えてないだろうね（笑）。そんなさ、巨峰食べて金取ったと思ったらさ、情けないでしょ。

でも、白井貴子さん的にはすごく大切なことだった……。

大切ですよ！　今でもあれ食べたから、あの世界選手権の金はやっぱり取れたんだと思ってます。なぜかっていうとね。あの時はものすごく大変な状態だったんですよ。まずセッターの松田（紀子）さんが、メキシコを目の前にしてロスで半月板を損傷して、車椅子で帰国してしまったんですよ。野球で言ったらキャッチャーがいない試合みたいなもの。その上、わたしはぎっくり腰になって、さらに高山病にかかって、全然練習できてないんですよ。それなのに、決勝戦の前だけ、ちょこっとやって勝っちゃってるわけでしょ？

普通は、駄目ですよね。

駄目でしょう？　だからやっぱ、わたしね、ちょっと念力を貰ったんだって思うんだよね。巨峰から（笑）。

なんかね、こうして伺ってると……白井さんには人生の局面局面に、何処かから目に見えないパワーがやってきて励ましてくれてるような……。

けどね、一つだけね……言おうかどうしようか迷うけど……さっき20歳の時に八尾で坪谷先生に観てもらった時にもう一つ言われたことがあるんですよ。「あなたは市川房枝さんと同じ星です、死んで名が出ます」って。

市川房枝って……参議院トップで当選した……おばあちゃん?

そう。それだけ言われた、それ以外何も言われなかった。だから、ものすごく苦労しますよって、良すぎて悪い名前……って。

だって「死んで名前出る」って言っても……、生きてて、二十代であんなに名前が出たんだから……。

だからバレーボールの殿堂入りしたって事はそういうことでしょ。確かに死んでもわたしの名前は殿堂に残りますよ。だけど、生きてる間は苦しいよねってこと。

バレーボールの歴史に名前が残る。

そういうことだと思いますね、坪谷先生が言ってくれたのは。あなたは、あの市川房枝さんと同じ星の下です。生きてるときは苦しいだろうけど、死んでから名前が残る人。そんなことを言われたの、たった20歳で。あなたの人生にはこれから良い事と悪いことが、もう両極端に現れますよって。でも、それからわたし、すごく嫌なこととか苦しいことあったけど、そういう苦しい時には「絶対いまのこれを経験したら、また上に上がれる」って思うことにした……この20歳の時の占いのことを心に刻んでいたから。

達観ですね……。

そりゃ「死んでも名前が残る」っていうのも嬉しくないわけじゃないけど……まあ、逆に生きてる時に幸せじゃないんだわたしは、って言うか今は幸せじゃなくっても、評価してもらえるのは死んでからなんだなって。……でも、死んでから評価される人ってあまりいないじゃない。

いや……宮澤賢治とか。

あー、そうか（笑）。そこまではわたしなんかは考えないですよ（笑）。考えない、考えない。あのー、モーツアルトだとかね、ゴッホとかね。いや、そこまでは言わないけど、まあ、独特な人生で大変だろうって、そう見えたんでしょ先生には。生きてる間にすごい色んな事があって大変だよって。だけど、まあ、裏返しにしてみたら、それも人生だよって。良いこともありゃ、悪いこともあるって事でしょ。

しかし、お父さんがいつ亡くなるかを、その先生は知ってたわけだから、白井さんご本人の先の先まで見えたっていうか……。

そういうこと、そういうこと。それでさっき言った5年前のとこにつながるんですよ、この坪谷先生にまたヒョンな流れで大阪で再会出来た流れっていうか。まず「ミュンヘンの会」ができて、入院なさってた小島先生のお見舞いをして、その2年後に先生が亡くなって、偲ぶ会をやろうってことになって。まあ、ユニチカ主体だったんだけど、わたしも出たいって事で行ったんですよ。わたしの娘もちょうど一緒に夏休みが取れたんで、岡山でお墓参りして、そのあと大阪で偲ぶ会をして、その夕食の席でふっと坪谷先生の事を思い出して。千葉さんに「先生って当時もうお年でしたから、今はもういらっしゃらない?」って訊いたら、「何言ってんのピンピンしてるわよ」って、すぐ電話してくれて、そしたら、先生んとこは今は一見さんは観ないっていうんだけど。でも千葉さんがいろいろ話してくれたら、そしたらすぐね、あしたの朝一番でいらっしゃいって、言われたの。で、次の日10時に観ていただいて、ポンと顔を見た瞬間に「元気してましたか?」て言われて、「いい年の取り方しましたねぇ」って……いわれて。

そのとき先生はおいくつぐらい……

78っておっしゃってました、3年前だからもう81になったね。でも印象は変わってません。「いい年の取り方したね、いろいろ苦労したねー、でもこれからだよ」って言われた。

「これからいいことあるぞ」ってことじゃないですか？　これからが集大成だって……

うん、そう言ってた。64歳から74歳まで、バレーじゃなく、ちょっと違う形で。少し離れたところからバレーを見るっていうことが出て来る。そんな風に言われたんですよ。

違う形って……。

それは分からない。もちろん長い人生ですから色々なことはやって来たわけなんですけど。何かこれからあるのかなって……そう言われてから意識するようになってますね。

身体のはなし

わたしは17歳でその、倉紡に入社した時点でやっぱもう故障だらけだったんですよ。まず、一回レシーブやってるときに腰が抜けちゃったんですよ。その時は捻挫したかヘルニアなのか、とにかく腰が抜けちゃったんですよね。で、そこら辺から、その17歳からもうずっと腰痛なんですよ。その時にちゃんと治療してれば良かったんだろうけど、持病になって。それで、腰が悪いことによって、捻挫する、肩を痛める、という風になっていったんですが、この肩を痛めることの要因は、わたしが逆足だったからなんですよ。

なんですか逆足って。

あのー、ジャンプする時にね、ふつう「1、2、3ジャンプ」なんですけど、わたしの場合「1、2ジャンプ」なんですよ。

ちょっと良く分からない（笑）。

要するに、あの、ふつうは右足、左足、そして両足でジャンプするわけ、だけどわたしは右足、両足ジャンプ、だったんですよ。これはどういうことかっていうと、わたしは、何だかんだ言って左利きなんです。

ほうほう。

「左利きだった」らしいんです。でも自分ではわかってなかった。で、ある時に母親に「うちの家に左利きっているの？」って訊いたら「わたしが左利き」……。

モントリオールから帰国。羽田空港で迎えてくれた母。

お母さんが？

そう、でも昔のことだから直されたと。それでも包丁だったかハサミだったかな、どっちかはやっぱり左じゃないとだめだったし、それと、あの、糸？……針が左なんだって。

針って縫物の針ですか？

うん、そう言ってた。隠れ左利きっていうのかな……わたしもそうだったのね。握力が両方一緒なんですよ、わたし。握力それ自体はたいして無いんだけど、数値は左右一緒。珍しいって言われてたの。……でも、珍しいって言われながらも、なんかもう、みんな、流されて、練習してるじゃないですか。

うんうん。

で、本当は左利きだから、レフトから打つのはすごく得意なわけですよ。こう打てるわけだから、1、2だから……。それなのに、エースだからライトにいなきゃいけないの。ということは、ストレートで打つことはすごい得意なんだけど、クロスが打てない訳ですよ。でもエースがクロス打てなかったらどうにもならないでしょ。だからとにかくやるしかないってんで、こういうふうに無理な形でクロス打ってるうちに肩を痛めちゃったんですよ。

左利きのせいで？

いろいろはっきりわかったのは19歳の時でね。全日本に入ってユニチカに行ったら、そこに四天王寺高校の佐藤先生が居て分析してくれたんですよ。この佐藤先生は、そもそもわたしが中三の時に四天王寺高校に来ないかって言ってくれた人で、ただその時は中学の顧問の先生が「四天王寺に行っても無理だろう」って判断して、オファーがあったのに言ってくれなかったんですよ。それでも、高校の時に合宿に参加させてもらったり、いろいろ面倒をみてもらったのね。何年か前にお会いしたときに「先生、わたし、中学校のときに、四天王寺高校に来いって言ってたって言いますけど一度も会ったことなかったですよね？」って言ったら「オレは全国にそういうスカウトマンを配置してたんだ」って言うのよ。わたしは、だからもうずっと目を付けられてたんだって。まあ、ご縁がある人だからミュンヘンでまたご一緒出来たわけなんだけど、その時に佐藤先生が「お前は自分でわかってないかも知れないけど、逆足だよ」って。「逆足ってなんですか」って訊いたら、「オレはおまえみたいのをもう何人も育てて来た。逆足だとふつうの人と同じようなアタックだと打てないんだ。」で、どうしたらいいかって訊いたら、「逆足を直すか、それか、打ち方を変えるか。だけど、それで言語障害が起きることがある」って。

ええっ。

そう。でも、こんなあとオリンピックまで1年あるかないかっていう時期にそんなことまでやって……簡単に直るわけないと思ったから、とにかく今できることを、自分がこういう風にやっちゃいけないとかこういう風にしたらいいっていうことを教えて下さいって。それでそこから、あのー、変わったんですよ、わたしのフォームが。

どう変わったんですか？

要するにクロスに打てないんだったらクロスに打つ格好をして捻ればいいわけですよ。ふつうだとクロスに打つボールをわたしはストレートで打つわけですよ。逆足だから。ストレートの逆足で、ストレートに打てばクロスの効果が上がる。……だからわたしのアタックは誰も拾えない。

変則的だから。

そう、結果的に。普通は皆ストレート打つの大変なわけ、こっちしか打てないわけだから。こう打つとアウトになっちゃうの。でもアタシはこっちよりもこっちの方が正当に打てるわけだから。

先生がそれを見抜いてくれたっていう。

そう。だから、それがラッキーだったの。だけども、それまでずーっと打って来た古傷があるじゃないですか。14歳からその19歳までの5年間は無理な姿勢で打ってたじゃないですか。で、腰悪かったでしょ。それで、オリンピックのちょっと前にレシーブ練習をやっているときに、床に肘がゴーンとぶつかっちゃったんですよ。もう、過激な練習なんで当然身体も疲れてて、その、怪我するのってそういう時じゃないですか。パフォーマンスが落ちてる時だから……。もう、激痛だったんですよ。自分の中で。もう、あまりの痛さで、ちょっと、あの、これはちょっと、もう、無理かも知れないっていう……。

相当な痛みですね……。

それで、それをわたしたちはまず最初キャプテンに言うんですよ。で、キャプテンがコーチに言って、コーチが監督に言って、それで監督が見て、じゃあ病院行けっていう。でも、その時キャプテンにね、松村（現・千葉勝美）さんに見せたらそんなの怪我のうちに入らないって言われて。で、そのまま練習した。で、次の日こんなに、ぶわーっと水ぶくれが出来ちゃったんです。肘に。もう、血、血の塊がね。

水ぶくれっていうより。

うん、血の塊。水が溜まるって言うんじゃなくて、それが血だったんです。真っ赤なのが、こう、内出血。もう袋が出来ちゃって、その中に血が溜まっちゃったんですよ。

うわー。

それで、ようやく病院に行かせてもらったのか、イヤ潰して出したのかなあ……ははは（笑）。病院行った覚えがないような気がする。そんなん冷やしておけば治るみたいなことといわれて、ってことは冷やして治ったんだと思うの。だけど、それから何日か経ってもう腕が上がんなくなっちゃったの。もうそれが本当にオリンピックの何週間前ですよ。いや何週間もないくらい。もうオリンピックに行くぞって位の時で、まず腕が上げられない、上がらないんだから、もうご飯も食べられない、洗濯物も干せない、もう本当にぶらーんとこういう状態なの。

お手上げじゃなくて、お手下げ状態……（笑）。

そういうこと。それで小島先生のところに行って、もうそれまでも練習好きじゃないし、鼻血出したり、じんましんが出たりとかするし、

は、鼻血？

もう毎日！　練習前からあの漫画なんだっけ、「鼻血ブーッ」っていう漫画。

谷岡ヤスジ……。

そう谷岡ヤスジ！

ハハハ、古い！（笑）。

いやホント。４コマまんが、鼻血ブーだよ。体育館に、もう床に鼻血がブーッ（笑）！

いやーピンチですね（笑）。

粘膜が弱くなってて。あと、練習中にじんましんが頭から爪先までこんな大きいのがバババババッと出来ちゃって。ストレスだよね。それで医務室に行って鎮静剤の注射を打ってもらうと、もう眠くて眠くてしょうがない。なんで、ブロックの練習しながら寝ちゃうくらいだった。

空中で……寝るんですか。

それとレシーブ……。１ｍ80のわたしが１ｍ60の人と同じだけのレシーブ力を付けろっていわれてやるんですよ。

ああそうか、大きいだけ難しい。

もちろん。だから、わたしが陰で毒づいてたのは「じゃあ、１ｍ60の人が１ｍ80と同じアタック打てんのか」って。

なるほど（笑）。

そういう世界なの。今だったら１ｍ80だったらレシーブの練習できなかったらいいよ、アタック打てればいいよっていうけど。昔は、サーブも打てて、ブロックも出来て、トスも上げられて、アタックも打てて、レシーブも出来なかったらバレー選手とは言われなかったのよ。

人生設計のはなし

だってわたしはね、それこそ15歳で自分の人生設計を立てようって時に、もし自分がオリンピックに行って金メダルを獲れる年齢は24歳しかないって自分の中で設定したんですよね。４年に一回の事だから、そこしかない。だけど15歳からみたら24歳って9年先のことだから。なかなか見えないところもあるから、一つ短期目標を20歳にしたの。5年後の20歳に。

それは凄いですよ。ふつう15、6歳で「お前5年後どうするか考えてる？」って言われたら一つも答えられない。

いやわたしの場合は職業だったから。

職業？　その時点で。仕事だった？

そう。職業なの。わたしは。だって勉強も好きじゃないし、身体もでかいし、お嫁に行くわけでもないし。まずは働かなきゃなって思ったの。わたし自身、12歳のときに東京オリンピックのバレーを観たでしょ？　観たくて観たわけじゃなくて、うちにたまたまテレビがあって決勝戦を近所の人が皆観に来てた。それで、皆勝った瞬間「ウワーッ！」って言って、もう凄かったんだけど。

凄かった、確かに。

だけどわたし自身そのテレビを観た時に、なんつーのかな、ルールは分かんないじゃないですか、初めて観たわけだから。なんかお姉ちゃんたちがチョウチンブルマを履いて足を出して……女の人がみんなの前でなんて格好してるんだろうっていうのをまず思ったの。だって、岡山じゃそんなことしている人はいない。人前であんな格好してね。変でしょ！

パンツ一丁だからね、言わばね。

そう。それと試合が終わった瞬間ね、なんか変な終わり方だったんですよ。ソ連のバックのプレイヤーがジャンプして返したから、それがバックプレイヤーっていう事になって、ピーッて決まったの。日本の勝ちになった。でもわたしはルールもわかんないし、何が起きたかわかんないんだけど、まあ日本が優勝したってことで「ダーッ」ってなってて、それでエンドラインに並んで……まあ、エンドラインって言葉も知らないんだけど。一列に並んだソ連チームのみんながすごい目でミスした選手のことを睨んでて、その人はうつむいてたのね。それを他の人がジーッとこう見てたわけよ。それはすごく印象的だった……。

そういうとこ見てたんだね。

それっていうのも子供心にね、近所のおじいちゃん、おばあちゃんたちにいつも聞かされてた言葉が「悪さをするとお前はシベリア送りになるぞ！」とか「強制労働だぞ。ソ連では！」っていうのが頭の中にあったから。父もね「マイナス何十度になる厳しいところだ」って言ってたし、ロシアの選手は負けた人は寒いシベリアで強制労働だと思ったの（笑）。

だからその人は下を向いて？

そうじゃないかって。そのとき何を強く思ったかっていったら、まず自分は勝ち負けの勝負なんかやりたくないと思ったわけ、まずね。でも、どうしてもっていうんだったら個人競技。自分でミスして負けたら自分の責任じゃん。だけどさ、6人いてね、最後のボールで自分がアウトとかネットかけたりして一生恨まれるのやだし。だからバレーボールだけは絶対やらないって心の中で思ったんだよね。でもそんなわたしにね、よりにもよってそのあとすぐ中学に入った途端にバレーの誘いが来るんだから運命は不思議ですよね。背も高かったのもそうだし、中学入った時1m58でしょ。で、中2で1m65でしょ。それと、卓球部に入りたかったんだけど卓球部がなくて、テニス部に入ったでしょ。で、その1年間はローラー引きとか素振りとか球拾いとか、そんなんで、1年が過ぎたんだもん。で、2年になって、さあ後輩が来るぞって思ってる時にテニス部の顧問とバレー部の顧問の先生が2人でやって来て「テニスには身長はいらねーぞ。」って。1学年500人だから全校生徒1500人もいるマンモス学校で……とにかく会う度に「バレーやれ。バレーやれ。」って誘われて。

もともと球技はやりたかったんでしょ？

球技はやりたいけど個人球技ってことだと卓球かテニスだったでしょ。卓球はちょっとやってたの、お姉ちゃんたちと。小学校の時に。だから卓球ならできるかなって。一人でできるじゃん、楽しいし。で、卓球部入りたいって入ったら卓球部がないって言われたのよ。それと世の中は美智子様ブームでね。テニスがものすごい人気だったんですよ。白いスコートを履いて。憧れがあったのね。あと、運動能力がある人は陸上部に行った。

もしかして走るだけっていうのが嫌だったとか？

何が楽しいのよー、走るだけなんて（笑）。っていうか、ほんとは短距離走は得意だったんですよ。町内の運動会があって優勝すると必ずノートとか手帳とか果物カゴをもらえるんだけど、わたしなんかいつも果物カゴをもらって帰ってた。話は戻すけど、中学で入ってた２つの部活の顧問の先生が「テニスには身長はいらねーぞ」って言ってきて、逆に言えば、バレーボールは身長がいるぞって話だから。そりゃやっぱりね、14歳で１m68になってて、親も大きいでしょう。兄弟も大きいでしょう？　わたしこのまま大きくなったら一体どうなっちゃうんだろうっていう恐怖があったの。フォークダンスってのがあって５００人10クラスの学年で、１クラス50人で24対26で必ず女子が多いんだよ

中３夏。岡山市大会で優勝の頃。

ね。そうすると余った女の子同士で踊るわけよ。ああやだなって思ってて。でけえでけえとか言われて、子供の時からずっと。でも、ある時ハタと思ったの。「バレーやってるから大きいんだ」って言い訳するのもありかなって。

ああ！　なるほど、名案（笑）。

だからコンプレックスとまでいかないけど、14歳の乙女チックな心ね？　わたしだって14歳があったんだから。そんな時にでけえでけえいわれるのも癪に障るし一生懸命大人がこれだけ言ってくれるんだから、何かあるんだろうなっていうのもあるよね。色んな要素があって……。

そんなこんなで。

よし、そこまでいってくれるなら一発やってやろうかってね。でも、その時一言「嫌になったらやめますよ」って言っちゃったんですよね。そうしたら「そんな軽い気持ちで来られたら困る」って言われたの。そしたらもともとヘソが曲がってるからわたし、来なくていいよって言われたらやりたくなっちゃったの。それが原点だった。

それで、パッと飛び込んだ。

うん。でも、入ってみたら結構これが難しかった。馬鹿にしてたのに。だって先輩上手でしょ、同級生上手でしょ。そりゃ2年間とか、1年間とか余計にやってるわけだから。で、下級生も春からやってるから全然うまいわけよ、わたしなんかより。そこで負けず嫌いが出たんだよね。追いつけ追い越せって。一番最初に教えてもらったのがルールブック、これをまず読んどけって。それから、やらされたのは毎日毎日ブロックの練習。9人制だから、おまえはブロックだけやれって。でもそのブロックが出来ないんですよ、今まで運動らしい運動をやってないんだから。でも、それを何ヶ月かやりながら、他の人がいろいろやってるのを見ながら「パスってああやるんだ、サーブってこうやるんだー」って目で勉強してるわけ。

そういう練習だったんですか。

でもバレーってやっぱりアタックじゃないですか、わたしは大きいんだし。でも、アタック打たせてくれないんだから。そこが凄いよね。ようするに打てやしないのに打てって言って、変な癖がついたり、それから打てなくなって悩んだりっていう以前に、ボールに触れせてくれないの。

部員が多かったんですか？　ライバルが一杯いたとか。

2年の同級生が8人ね。わたしが入ったのは夏前ぐらいだったから最初は先輩がいたのよ。でも秋ぐらいになったら先輩はいなくなるよね。で、わたしたちのチームになったのよ。でも、わたしなんか全然できてないでしょ、まだ何も。それから、あっという間に冬になって。アタックをやれってことになったんだけど。何もできないし、トスが上がってきてもきちんと打てないんで、セッターの子に、わたしタイミング取れないから、練習終わってみんな帰った後に2人で、なんていうの……。

特訓?

それをね「先生ありがとうございました」ってみんな帰るの見計らって「いないな」っていうと、2人でこっそりネットを張って。月明かりで見えるんだよね意外と。

月明かりのコート。

うん、よくやったと思うよね。トスあげてもらって「1、2、ジャンプ」で一番高いところで打つっていう。だけど、打ったら何処へ行っちゃうかわからない、暗くてボール拾うの大変だから、その1歩手前のところ、トスをファーンと上げてもらってブアーと放物線上にあって、そこの一番高いところで「ああ、このタイミングだ」ってね。それに向かって要するにジャンプをしてたわけ。何度も何度も。だけど、そうこうしてるうちに皆が気付いて「何か2人でやってるらしいぞ」って言って、一人一人入って来てくれて……拾うから打っていいよーって。

ドラマみたい！　運動場の隅でみんな並んで見てる。

そうなの。みんなも帰らないでそのまま残っていてくれてたの、トモちゃんとかね。

トモちゃんって？

トモちゃんはその時のキャプテン。そのあと農家にお嫁に行って、今も年に何回も野菜とか果物を送ってくれる友だちなの。でも、後で聞いたら先生も帰るふりして校門のところで見てたんだって……そりゃそうだよね、顧問だから。何かあったら困るから。でもこっちは帰ったと思ってるからシメシメって（笑）やってるんだけど。後から、先生と話すことがあって。あれは24歳の時、オリンピックで金メダルとった後ぐらいに皆で同窓会した時に、先生が「俺はのんべえだから終わったら帰って飲もうかと思ってるんだけどお前らが練習するから帰れなくて困った」なんて話が出て、「あー申し訳ありませんでした」って。

ちっとも秘密の特訓じゃなかった（笑）。

そうだね。でも練習の成果が出たのは1年後、岡山市で優勝したんですよ。当時、桑田中学ってのが一番強くて「打倒！　桑田」で頑張って優勝出来た。そこまでは良かったんだけどその後の県大会では一回戦でダメだったのね。残念ながら弱小チームだったのは間違いないですよ、それが中3の時です。

特待生で進学

それからの運命の歯車っていうのは、わたしが片山女子学園に特待生で入学出来たっていうのが大きかったと思うのだけれど、さっき言った中3の県大会の予選の時に、見に来てたわたしの母親のとこに新聞記者だか誰だかが来て「あんたの娘はエライ事になるよ。」って言ったんだって。

新聞記者が？

いやスカウトマンかも知れない。でも母はそんなこといわれても何だかわからないでチームの別の同級生を指さして、「あの子の方が上手いでしょ。」って言ったんですよ。その子は近所の子で母もよく知ってて。背もわりと高かったし、中学になる時に彼女の方が上手かったから母はそう言ったんだけど「いや、そんなもんじゃないんだよ。将来的に見たらお宅の娘さんは凄いよ。」って言ったって、その話をうちに帰ってからわたしにしたの。「そういう風に言われたんだけど、どうなの？」って言うから「わからん」って（笑）。

そう言うしかない（笑）。

実際、何をもってそういうことを言うんだかわかんなかった。母もそうだったんだと思う。でもそのあと片山に特待で入れたわけじゃん。

特待っていうのは、推薦があったってことですか？

いや、その辺も良く分からない。一つ変な話があるんだけど、カツラギユキさんって歌手がいるじゃない？「ボヘミアン」って曲を歌ってた。

はいはい、葛城ユキ。

わたしお会いしたことは無いんだけども、高校の先輩なんですよね、片山の。3年上でバレー部だったんですよ。その人がいつかフジテレビで、ほらあの小倉智昭さんっていう人いるじゃない、その人の番組に葛城さんが出てたんですよ。そこで、わたしの写真っていうかパネルを持ってこう指さしながら「白井貴子が……」ってわたしの話をしてるわけですよ。たまたまテレビつけたらそれやってて。そしたら彼女が「片山女子学園に白井貴子をスカウトしたのは自分だ」みたいに言ってたんですよ。

中３。秋の遠足。

葛城ユキさんが。

「白井貴子をスカウトした。」って言ってるわけ。けどわたし葛城さんには一度も会ったことが無いんだよ。それなのに、彼女は片山の監督に進言したって言うの、「白井貴子はまだ有名ではないけど凄いんだ」って。

なんだか不思議な話……。

ほんと。わたしそれ見ながら「白井貴子以上に白井貴子を知ってる人がいる、白井貴子の知らない話をなんで白井貴子が知らない人が知ってるんだろ?」ってテレビに言ったくらいだもの。

早口言葉みたい(笑)。

でも葛城ユキさんって人は高校では有名な先輩だったし、歌もうまくてバレーも上手かったんだって。それで3つ上だから、ちょうどわたしが入学した時に卒業して、それで倉紡に入って、合宿に行って1日でやめちゃったって。こんなのやってられないって。なんかそういうふうな話だったと思います。

白井さんには他の高校っていう選択肢もあったんですよね？

倉敷とか、岡山のいろんなとこから話はきてたんですよ。たとえば商業高校だったら、岡山東商業とか、うちの姉が行ったとこね。でもそこを出たら銀行員になる、岡山東だから。うちの姉も銀行に行ったし。でもわたしは銀行員はやだなって。あと、岡山南がバレーボール部を作る、お前の為にバレーボール作るって言う話。「岡山南行って何すんの？」って思ったり、とにかく勉強は好きじゃないし、いろいろ迷って、就実高校にも練習見に行ったんだけど。でも先生がなんかイヤで……「あんな先生いやだ」っつって。

天秤にかけてたわけですね。

天秤じゃない。わたしにはデータは無いんですよ。普通の中学生だったから。やっぱりその、直観だよね、直観。なんかイヤな監督のとこには行きたくない、とかね。そこの学校出たらどうなるかも何もわかんないんだけど、もしバレーができなくて卒業ってなったら商業高校だったら姉と同じに銀行員になるかみたいになっちゃうじゃん。それだけは避けたいと思った。

計算とかが苦手だったから？

いや、わたし計算は出来たんですよ。勉強は好きじゃなかったけど、4年生からそろばんをやって3級まで取ってるんですよ。それっていうのは母が「八百屋にいっておつりをごまかされちゃあダメだからそろばんだけはやっとけ」って。勉強ができなくてもいいからそろばんはやれって。だから千の位の暗算もやってたくらいだから。けどそういうのがあるから、逆に思ったのかもね「やだなー、またそろばんはじくのか」って。あの頃はそろばんだからね。

いろいろ悩みが深かったですね。

でもなんかそんなこんなで心が揺れてるちょうどその頃に、クラスで「将来の夢」を一人ずつ前に出て発表するっていうのがあって、わたしは「オリンピックに行って金メダルを取りたい」って言ったんですよ。そしたらみんなに「バーカ」って言われたの。

金メダルって言ったんですか。

言ったの。だけどだいたいふつうは男の子だったら警察官になりたいとか消防士になりたいとかね。女の子だったらお花屋さんだとか。幼稚園の先生だとか、学校の先生とか。そういうのがふつうだから、わたしのはちょっと笑いものになった。だけどそれを言ってからオリンピックに出るんだって強く思うようになったんですよ。

それは1967年ですかね……メキシコ・オリンピックより前ですね。

そう、バレーボールがオリンピックで正式種目になったのは東京オリンピックからで……まだ1回しかやってない。だから誰も良く分かってないから「お前アホや」ってみんなが言ったんでしょうね、よく覚えてる。何でそれを言ったのかはともかく、言っちまったわけなんで、その後はわたし、自分が挫折する度に「お前が自分でやるって言ったんじゃねーか。頑張れよ、もう少し。」っていう心の声、自分への激励っていうか喝が自分の中から出て来る。背中を押してもらえたんだよね。わたしよく講演頼まれるときに言うんだけども「夢って口に出して言わないと自分の中だけで終わっちゃうんだよ。ただの夢で。」だから夢は絶対に人に語った方がいいと思う。そうなればいいけどなれなくったっていいんだよ。皆がなったら大変じゃん。宇宙飛行士になりたいって皆が言ってもさ。全員がなったら大変だよ。みんなが毎日宇宙に行っちゃったら、宇宙が混んじゃって（笑）。

混んじゃって、すぐ空気なくなっちゃう（笑）。

今までのオリンピックのメダリストだってみんな言ってますよ、金メダル取るんだって。それで実際に取ったから、そういう結果を載せてるだけであって、取れなかった人だって取るってみんな言ってますよ。

声に出して言うことが大事なんだと。

そういうこと。でも今思うと、まあなんか軽く言っちゃったもんだなって。だけど言っちゃったからにはやらなきゃいけないなって気持ちが出て。いろんなことはそこからなんだよね。わたしの場合、言っちゃったから、もう全寮制に行くしかないと思ったわけよ。そうしないでノホホーンと普通の学校で練習してたってオリンピックには間に合わないだろうって。そしたらちょうどそこに全寮制の片山女子がある。そこに行けばもう朝から晩までバレー漬けだっていう……いいなこれはって思ったの。人より遅く始めてますからね。挽回しなきゃって。だからこれはラッキーだと思って、親に相談したら「学校いっぱいあるのにわざわざそんなとこに行く必要ない。」って言われて。そこで説得したんですよ。寮費もかからないし、来てくれって言ってるんだから。これほどラッキーなことないじゃんって。

説得が叶って。

でも結局、親は心配して毎月1万円送ってくれたんですけどね。

1万円……ですか。

要するに靴買わなきゃいけない、ユニフォーム買わなくちゃいけない、サポーターもソックスも下着もって……そういう日用品や消耗品があるから。そうしたらそれくらいかかるかもって送ってくれた。50年前じゃ1万円は相当の額ですよ。親は本当にありがたいものですね。

高校時代の話

とにかく目指す片山高校に無事入学出来たんだけど、わたしは中学を卒業した次の日にもう寮に入ったの、入学式待たずにフライング（笑）。同級生と2人で入ったの。わたしとセッターの子で。入ったら、3年生のエースがやっぱりセッターだったの。で、2年生が6人いたから2＋6＋2で10人。それが新スタートです。最初のミーティングよく覚えてますよ。正座でやったの、寮で。そこでの先輩からの一言「カラスは黒だけど先輩が白って言ったらカラスは白ですからね」これで終わり。それ一発で。

うわっ、短い（笑）。

それで、ちょっと練習していたら、ある時3年の先輩たちが「わたしたち引退します。だから1年生にレギュラー譲ります」って言うの。2年生2人を抜かして1年生に譲るって。そうすると2年生は今まで4人レギュラーでしょ？　で、今度は2人レギュラーになれると思ったのが1年が2人入って来たから2人補欠じゃん。大混乱。

それは2年生よりも1年生2名の方が上手かったっていうこと？

上手いというより将来性を感じてやってくれたこと。ようするに学校全体が私立だったし、独特だったんですよ。わたしたちの学校っていうのは校長先生が女の先生で、バレー部の顧問の片山先生っていう人はその校長先生の弟だったんですよ。そのときはお姉さんの校長先生が、まあ、だいぶ年だったから引退していてその息子が校長になってて。その叔父さんがバレー部の顧問の片山先生。小柄で喘息の持病があって練習に出てこれないの。だからもう全部先輩たちで決めてやるわけ。寮の事も全部先輩がやるわけ。

カラスの色を決める先輩が（笑）。

そう。とにかくそういう体制で進んだんですよ。練習は朝起きたら5時半からバスケット部とバレー部と体操部が陸上部の選手と一緒に走るわけ。1時間くらい。それで、それが終わったら体育館に行くわけ。で、そこで何かウエイトトレーニングのチョロっとしたみたいなのをやって、腹筋、背筋をやって、バスケットリングで1、2、3ジャンプ。1、2、3ジャンプって毎日やるわけよ。毎日毎日。だから夜中に寝言いうんだって、わたし。1、2、3ジャンプ！　1、2、3ジャンプ！　って。「うるさーい！」って怒られてさ。

すごい集中力ですね。

そのかわり授業中はずっと寝てたの（笑）。それとあとは夜にね、ラーメン作んなきゃいけないから。

ラーメン？

先輩たちはもう練習が無いから。ご飯食べないんですよ。ダイエットで。

ダイエット。あー、ダイエットってあるんだ、その時代にもう。

ダイエットって言葉はないんだけど朝ごはん皆で一緒に食べますよね。それから練習がありますよね。で、お昼は寮のおばさんが作ってくれるんで寮生は皆そこで食べるわけ。そのメニューは月曜日は親子丼、火曜日はカレー、水曜日はチャーハンって、もう曜日で決まってるんですよ。それで練習があって、それから夜のごはん。でもご飯の食べ方には決まりがあって、先輩が「いただきます」って言ったら箸を持っていいわけ。で、「ごちそうさま」って言ったら箸を置かなきゃいけないの。

あらー。

最初はもう食べられませんよ。家でのんびりだったから。そんなスピードであわてて食べられないし、ごちそうさまっていう前に食べなきゃいけないんだから、ウワーッって食べる。で、それが出来るようになったと思ったら今度は左手で食べなさいって。

なんですかそれ？

両手使わなきゃいけないから、その練習。豆からはじまって、コンニャクとか、なんでも左手で食べる。わたし、今でも食べられるよ。実はもともとが左利きっていうのがあったんだけど、その時はまだ知らなかった。でも、食べたいから必死で練習して、克服（笑）。それよりなにより、とにかく早いわけですよ、ごちそうさまが。その号令を下す先輩たちは４つの部から交代でセンターになって「いただきます」「ごちそうさま」をやるわけで。下級生はそれに合わせて片付けして、あとは風呂当番があって、４つの部が順番にやるから最後になればもうドロドロの水だよね。泥水だよね。で、最初のお風呂もらう人は綺麗だけど、バレー部入りました、バスケ部入りました、陸上入りました、体操入りましたってなるから大変なことになるわけ。そのあとは、水で洗濯物を洗うわけでしょ。ユニフォームも。冬場なんかガチガチで。洗濯機なんかないんだから。

大変だー。

それでその先輩たちがさ、要するにわたしたちの事を朝から晩まで見てるわけですよ。それで、ミーティングをやる時に、ひとりひとり「今日はあんたはあんなことしてたね」ってまあ、いろいろ言われるんだけど。そんな急になんでも出来ないよね。中学卒業したばかりなんだから。それでくたくただから授業中はずっと寝てるわけ。

ラーメンの話してくださいよ？

あ、そうだ！　ラーメンの話だよ。ラーメンはね、皆ダイエットしてるから夜9時ごろになると、いや10時ぐらいだな、さあ寝るぞっていう前に先輩たちが皆ラーメンを置いてくわけ。袋に名前を書いてね。だけど、こういうコンロが一つしかないわけなの。20人以上いるのに。コンロじゃない電熱器ね。電熱器で皆こうやってヤカンでお湯沸かして、ラーメンに名前を書いてこうフタ付きの入れ物に置いていってるわけ。先輩たちがそれを食ってくわけよ、順番に。

ダイエットしてるのに？　なんで夜中の10時に食べる？

ああそれ？　だってお腹すいてるじゃん。ダイエットしてるんだから（笑）。ま、なんだかんだ

倉紡でのスナップ。マネジャーと。

言って17、8だもん。ダイエットしてるけどやっぱり眠れないからってラーメンを食べるわけ、先輩たち。そのラーメンを作んなきゃいけないの、わたしたち。で、先輩たちの分が終わって、「さあ、自分のラーメンだ」ってったら「はい、消灯!」って(笑)。

ありゃー。それ、ダイエットになるね。

わたしも家からラーメン送って来てくれてたんだけど、チャルメラとか30個入りの箱のやつ。でもちっとも食べられないんで「お母さんラーメンいらないからロッテのガーナチョコレートを30個送って」って。

あー、手っ取り早い……。

でもそれで、消灯になった時にガサガサってしてたら「うるさい!」って先輩から怒られて。それでも隠れて食べてそのまま寝ちゃったりして、朝起きたらここにこの辺にチョコが垂れてて「血が出てる!」って大騒ぎになったり(笑)。それで毎日チョコレートを食べて虫歯になったり。それでもねー、それがやっぱ栄養源だったから。本当はラーメン食べたかったのにね。でも、12時の消灯には間に合わないわけよ。

兵隊さんを連想しますね、また。

兵隊、兵隊。ラーメン送ってもらっても食べられないからチョコレートなんだけど、月に一回親の面会の日があって、お姉さんとかが岡山から桃をひと箱持って来たりとか。もうやめてって（笑）。桃なんか食べるヒマがない。……あっ！　フフフフ（笑）。

どうしたんですか？

もうひとつ面白いこと思い出したの。

下着泥棒の話

寮に下着泥棒が出たんですよ。しかも何回も取られてるんですよね。わたしなんか本当にヨレヨレのだから、ぜんぜん盗まれないんだけど、先輩たちはいい下着つけてるから。高いやつ。それを持ってっちゃうんだよ。

男……ですかね？

いや、とにかく、誰だかも分からない。何回も盗られるんですよ。それで、ある時わたし統計を取ったの。そういうの好きだから。盗られたのは何月何日何曜日で、天気まで書いたの。

細かい（笑）。

うん、そしたらね。明日雨だっていう前の日に来てるの。モヤモヤしてたのか知らないけど。それでバレー部の先輩たちに、わたしこうやって統計取ってるけど……今夜あたり来るはずですよって予想を言ったわけよ。先輩たちって、みんな足速いじゃん。で、バレー部にみんな集まって部屋を真っ暗にして待ってたら。外でカタッていったと思ったらもう無くなってたの、その洗濯物。

プロだ。

取っちゃって、走ってっちゃうから。でも塀高いんだよ、結構。それで今度は絶対に捕まえてやるって、バレー部の寮に足の速い人たちがもう何十人も隠れてジーッとしてたら、カタッていって、ソレーッっていってもう走って走ってみんなでダーッと走って、塀飛び越して捕まえた。

おおー、捕まえた！

わたしなんか付いて行けなかったけど、陸上部の先輩が捕まえたって。それで警察に突き出して、それでわたしは「お前が言った通りになった」ってみんなに褒められた。

何者だったんですか？

あくまで噂だったんだけど、どうも生徒会長のカレシだったっていう話。ホンマカイナって、結局うやむや。けどそんなのどうでもいいわけよ。こっちは練習が大変なんだからさ。下着泥棒がいなくなればいいわけだし。なんか達成感だよね、わたしが今日ですよって言ったら今日だったっていう達成感（笑）。

あとみんなで捕まえるっていう達成感？

それもあるね。下着泥棒がいて、それは絶対若者だし、足は速いよなって。でもわたしたち陸上部は負けないよって先輩たちが言って。じゃあ捕まえようって話になって。畑の中に追い込んでタックルしたとかいう話で。

やっぱそこね、わかるわかる。面白いなこれ（笑）。

1年生のガンバリの話

とにかく大変なのは1年生がやんなきゃいけない仕事が山の様にあるっていうことなんですよ。1年生、たった2人でね？ 何をやるかっていったら学校の授業が終わったら、体育館に行って2人で床拭きをして、ボールを磨いてネットを張って、先輩たちが来るのを迎えなきゃいけない。体育館半分（半分はバスケットボール部）の床拭きですよ、2人でできるわけないですよ、そんなの。それでもやるんだけど、もうくたくたに草臥れて、毎日泣いてたの夜。本当にもうやめて帰りたいって。ちょうど学校の傍に岡山、倉敷を通ってる線路があるの。

山陽本線ですね。

線路が本当にすぐ傍に。電車に乗ったら20分なんですよ。岡山、倉敷なんて。歩いたって2時間か。歩いたら帰れるなー家にって。友だちは総社かなんかだったの。そっちもそんなに遠くない。でもわたしの方が近いかなーとか言って2人で鉄棒にぶら下がりながら泣いてた。でもある時に思ったの。ちょっと待てよ。今は1年生はわたしたち2人で大変だけど、先輩たちが8人いるんだけど、先輩たちだって1年生の時代を通過したんだよね。1年生を通過しなきゃ2年生、3年生になれないいんだからね。だから先輩たちに出来てわたしらに出来ないことなんかないよねって思ったら、一気に気が楽になった。まったく自然にね。こんなことで泣いてばっかしいてもしょうがないなーって思えた、まずね。

発想の転換ですかね。そこにあるマイナスをプラスにとらえ直す。

そうそう。だって2年生っていう事は1年生の時代があったわけじゃん。それがなけりゃ2年生になってないわけじゃん。それなのにわたしよりも上手くない人だっているわけでしょ。下手だけど「何故あなたが先輩なの？」っていう人もいるわけじゃん。でも先輩たちだってわたしたちと同じ事を経験してるはずだって。それでもやめもしなかったからここにいるんだってこと。そりゃあ数は多いよね。だけどそういう問題じゃないって。確かに今はつらいけど、この1年生の時代が終わればわたしたちにも希望が訪れる、文句ばっかり言ってたってしょうがないなって。本当に学校終わってたった2人で体育館の半分を床掃除してて、雑巾小さいじゃないですか。だから行ったり来たりしなきゃいけないから、まず「あんた半分ね。わたしこっち半分で競争しよ！」って決めた。決め事好きだからね、わたしって。それから雑巾なんだけど、雑巾ぐらい新しいの買ってこようって……ダイエーで、倉敷のダイエーで（笑）。

雑巾購入（笑）。

だけど実際に買ったのは、バスタオル、雑巾のかわりに。身長がもうすでに1m80あったからね、わたし。肩幅があるから。だからこのバスタオルを雑巾にしようって。それでこうやって手を開いてだーって行くんだけど真ん中は汚れが取れてないんだよね、結局（笑）。浮いちゃってるから。でも早いじゃん。グングンはかどる。

ナイスですね。

でも、先輩がね、やっぱし時間がある時は見に来たりするんですよ。これくらいかかるなあって2人でやってるから。でも、ある時から雑巾がけが早くなっておかしいなあって思って覗いてみたらバスタオルでしょ。「ズルするな！」って怒られちゃって。じゃあどうしたらいいんだってまた考えるわけですよ。じゃあ、着替えの時間を節約しようかって考えて、うちの学校はセーラー服だったんだけど、もう登校の時に初めっから中にユニフォーム着ていくの。

え？　セーラー服の中に？

そう（笑）。で、授業の終業間際に、バーッと制服脱いでそのまま体育館へ走って行くわけ。で、制服と学生カバンはクラスの子達が寮の前まで持ってって置いといてくれるの。そしたら、あいつら頑張ってんなーってクラスの子たちが弁当を作ってきてくれたりね。「掃除当番もやっとくからいいよ」って「体育館で掃除やるんだから早く行け」って言って。本当に嬉しかった。時間短縮。要するに自分たちでやれることで他人に手伝ってもらえることってあるじゃないですか。工夫だよね。生活の工夫。何やったって怒られる。だけどやらなきゃいけないんですよ時間内で。練習が終わった後は先輩たちも一緒に床拭きをするんですよ。だけど練習前の床拭きは新入生の仕事、そう思ってやっていくとだんだんやれて来る。

慣れるんですか?

最初が辛かったっていうのは要するにブランクがあったから。中3の秋から高校入学までの半年間って練習やってなかったじゃないですか。そこで身体がもうブヨブヨになってて、その状態ですぐレギュラーになったから体がついていかなかった。でも床拭きをやることによって体がどんどん出来てきて、辛くなって来たんですよ。だから先輩たちに「いいですよ。終わりの床拭きもわたしたちでやりますから」って。

筋トレだったんですね。

お尻がキュッと上がって。腹筋も使うし。つまり無駄な事は何もなかった。ものは思いようで、先輩たちはわたしたちをイジメてるけど、イジメはわたしのプラスになるんだっていうこと。そして強くなるっていうこと。

素晴らしい。

だって、出来ないことを言われるわけじゃん。出来てたら言わないわけでしょ？　ってことはそれだけ出来ない事が一杯あったってわけじゃん。先輩はいじめてると思ってるけどわたしらにとってはイジメじゃないのよ。後々になってよく考えてみたら、できない事をずっとフォローしてくれてたんだよね。……でも本人達は心からいじめてんだけどね（笑）。

先輩も終わった後、拭き掃除するってことはみんな逆に影響されたんじゃない？

違う違う。それはもう決まり、決まりなの。始まりの時は下級生が全部やる。終わる時はみんなでやる。それが決まりなの。それが何十年も通じての決まり事なんだから、いきなしなったわけじゃない。だけど面白いのは、秋から冬ぐらいになるとランニングをやるわけですよ。みんなで近くの神社に走って行くわけ。バーッと走ってもわたしたち1年生だから絶対先輩の方が早いじゃないですか。それで「階段駆け上がり」ってのがあるわけ。最後はもう一回やらされるの。わたしがいつも遅いんで、わたしばっかりやらされてて、結局一人で二倍やってたんだよね。みんなは早いから1回で済むことがわたしはできないから2往復。

これはつまり身体が大きいっていうことは鍛えなきゃいけない筋肉も多いんですよ。だけど、そんな運動やったことないんだもん。もともと運動神経があるわけでもない。だからそのもう1回っていうのがわたしにとってはきつい。それと「バレー体操」っていうのが流行ったの。足と手がこんなになって。それ、みんな出来るわけですよ。わたし出来ないの。今でも出来ないもん。みんな出来るから終わるでしょ。わたしは出来ないからやらされるじゃん。2倍とは言わないけど人の1・5倍はやったんですよ。

人一倍やったと。

人1・5倍。でもそれがわたしにとって良かった。みんな白井貴子は天才だとかなんとか言ってるけど、わたしは天才でも何でもなくて、ただ身長だけはみんなよりあったっていうだけ。でも日本人に足りないのは身長じゃん。だから、そういうわたしを育てようという協会の人達のサポートっていうか期待も大きかったと思うの。でも、まあ何が一番面白いかって言ったら今まで誰も1メートル80の女を育てたことがなかったんだよね、みんな。監督もコーチも。

前例がなかった。

だからね。逆にわたしからすればお手本になる人がいない。あの人のようになりたいっていうのはいないいんだけど、反対に……何やってもいいんだっていう。

何やってもいい（笑）。自分がルールだ、みたいな？

いや、そういう威張ったことじゃないんだけど。1m80の女をどうしたらいいかっていうのをみんなが分からないんだから。「ああいうことするんだ、そうなんだ」っていう風に、まず自分の事を分かってもらわないとしょうがないっていうこと。そうじゃないとだいたい世の中っていうのはふつうはマネでしょ、最初は。「あいうえお」の「あ」っていうのも誰かがそう書いたからみんなマネして「あ」って書いたわけでしょ？「これはこうだ」って誰かが教えてくれたから出来たんでしょ？だけど、1m80の女の動きなんて誰も教えてくれないし、男の人なら大きい人はいるけど筋力が違うからね。男の人のマネは出来ないんだけど、おじいちゃんっていうか年配の人ね。昔いろんな所に出たっていう年配の人たちが来てくれたんですよ、入れ代わり立ち代わり。大きいわたしを育てるために。大きいんだけど年とってるから動きも鈍くなってて……。

ちょうどいい（笑）。

それで、色んなこと教えてくれて。まあ、こっちはちょっと迷惑だったり（笑）。でも今思うと本当にこんな英才教育を受けたのはわたしぐらいだと思いますよ。

未知数だから面白い。何か色んなものをこの子に注ぎ込みたいってみんなが思った。

うん、そう思ってくれたんだと思う。だからこっちも「よーし」ってね。それがなかったらダメでしょ。受け身でいたって。職業にしなきゃっていう意識でしたからね。やるっきゃない、好きとか嫌いとかは超えて職業としてちゃんとやりたいっていう。身体動かす、怪我をする、そういうのは当たり前。スポーツってのはそういうものだって、何か誰かに教えてもらったわけじゃないんないんだけど、なんとなくわかるんだよね。だけど中学校でも何もできないのにレギュラーでしょ？　高校でもわけがわからないままレギュラーでしょ？　17歳で実業団に入ってすぐレギュラーでしょ？　とにかくどんどんどんどんレベルが高い所に放り込まれちゃう。

否応なしに。

そう、上手くなったからレギュラーになれるっていうんじゃなく、下手なんだけど上手い人たちの中に入れられて、そんな孤独の中で「うわ、どうしたらいいんだ」って考えるしかなかったのよ。ついてかなきゃいけないわけだから。

下手なのに上手い中に入れられる理由っていうのが……。

だからそれが身長ってこと。こいつを育てなきゃって思ってもらえたのは大きかったから。やっぱり1m70と1m80の子がいれば1m80の子をレギュラーにしようって思うでしょ。

見ざる聞かざる言わざるの話

あとね、昔は2セッターだったんですよ。あの頃の先輩たちがこの本を読むかどうかわからないけどね。2セッターで、その2人が要するにキャプテンと副キャプテンだったの。まあたまたまね、キャプテンと副キャプテン。でその2人が仲が悪かったの。それでキャプテン派、副キャプテン派がそれぞれわたしの部屋に「ケーキ食べる?」「大福食べる?」って感じで来たわけよ(笑)。それで「エーッ?、参ったなー」って。どっちかに入っちゃったら、どうなるのかって……。それを17で経験したの、わたし。

派閥……。

派閥……っていう言葉も知らないわけですよ。で、どうしたもんかなって、返事をどうしようかなって思ってたら、そのうちもう両方から声かけられなくなって。そこから孤独。

返事をしないイコール所属しないっていう意思表明だとみなされた？

そう、だからその後は誰もわたしに声かけて来ない。……孤独でしたよ、ずっと。その代わり派閥じゃないから、寄り合いやるから来いとか、そういう。

面倒くさいこと。

面倒くさいことはなかった。……だけど、孤独。

やっぱ全員が敵みたいな感じになりませんか？

敵じゃないですよ、やっぱりチームだから。敵ではないんだけど味方はいない。

これ実業団の話してますね？

実業団の話、倉紡の話です。わたし17歳で入ったから一番下級生なんですよ。みんなは高校を出てから来るから。それで3年目で同級生が入ってきてもやっぱり下級生なんですよ。

そうですね。

それで、その下級生で同級生の子と同室になって。あるときテレビを見てたの、2人で。いろいろ風景が映ってて、そこで目に止まって「あれ何？」って訊いたの。そしたらその女の子が、あれは、日光東照宮の「見猿、聞か猿、言わ猿」だよって……そしてその説明を聞いたときにわたしのなかでピカッとひらめいて「あ！　わたし、これでいく」って思ったんですよ。それがわたしの信条になったの。「見猿、聞か猿、言わ猿」……。

1つの悟り。

悟りですね。ひとは見るからね、聞きたくなるし、取りにいきたくなるじゃん。だから、もうわたしはバレーだけにしよう、バレーだけを見よう。なんとかして金メダルをとったら止められるだろうし、今こんな中途半端では止められないし、もう止めることばかり考えながらやってたんですよ、その時。だからその日光東照宮の「見猿、聞か猿、言わ猿」を見た時、すごく気が楽になった。ああ昔の人はこういうこと言ってたんだなーって、あの猿みたいになったら楽だなあーって思って。要するに団体スポーツを選んだわたしは1人じゃ何にもできないんだけれども。なんかその団体スポーツの空気に乗らなきゃいけないことに対して、ものすごく恐怖があった。群れるということに対して。でも団体競技を選んだからには群れなきゃいけない。そこら辺に矛盾を感じながら実業団にいることは、本当に苦しかったの。

そこで「見猿、聞か猿、言わ猿」を知って。

すごく楽になった。わたしは孤独ですからずっと。団体のスポーツの中に居ながら孤独っていうのは、すんごい身の置き場がないんですよ。だけど、組織って結局それを許さないじゃないですか。会社なんかもそうでしょ。

たしかに組織の中にいて自分と周囲との折り合いをつけるっていうことが一番難しいことですよね。だいたいできる人ほど組織の中ではぎくしゃくする、だから周りを見て居場所を作る努力も必要になる。

ただわたしがその時思ってたのは、こんなにね。自分を押し殺してね。やってんのに、生意気だとか、なんちゃらかんちゃら評価されてることに対して、あーそうなんだって思うしかなかったんですよ。だから自分を消すしかないって。だって見える人と見えてない人っていったらおかしいけど、見えない人からすると見えてる人が恐怖でしょ。

恐怖っていうより憎悪なんじゃないですか。標準をはるかに超えているから。大人は、みんなそれはわかるから。大人が、50、60になってやっと分かって来るような事を、17、8くらいの小娘が言ってるから、だから生意気だって言うことになったんじゃないかと思いますよ。でも遅かれ早かれ分かるひとは分かるっていうことなんじゃないですか。その時はがむしゃらだとしても。

あのね、わたしたちバレーボールの世界ってさあ、ボールが落ちた時は終わり。「あ、ぅ。」で終わっちゃうんですよ。「えっ、あっ、ぅっ。」で終わっちゃう（笑）。ワン、ツー、スリーで終わってるんですよ。一瞬で判断しなきゃいけないし。予測も必要じゃないですか。だけど、みんな、あーでねえ、こーでねえ、なんて言ったってしょうがないことばかり言ってるわけですよ。それはきれいごとなんですよ。今、ボールが落ちてしまってから、ボールをつなげるときはどうするかなんて事を、あーじゃね、こうじゃねーって言ってる事がわたしにはすごく間抜けな話に聞こえたの。だから、その時思ってたのは「やっぱわたし、異星人なのかな」って。そんな自分のことをただ「困った、困った」と思ってましたよ。

第3夜

ターニングポイント（2016年6月24日）

1974年。ペルーとの親善試合。

わたしはバレーボールをやってて、まあ、3回引退したんですよ。その引退の話は後でまとめて話そうと思うんだけど、途中で2回ほどね、人生の大きなターニングポイントがあったんですよ。そのことでわたしが変わり、それがわたし自身の「頑張るモト」になっていったみたいなことなんですが。引退の話をする前に、まずそのターニングポイントについて話してみたいなと思って。

はい、よろしくお願いします。

引退っていうことに関しては、わたしの場合はもう「燃え尽き症候群」ってやつなんですよ。わたしっていうのは、もともと、なんていうかな。まず、オリンピックっていうことだけは強く頭にあったんだけど、オリンピック以外の大会があるってことを全く知らなかった。それで、実業団に入った時に、もちろんオリンピックを目指してるんだけども、国体予選があったりとか、国内でね。それから天皇杯とか皇后杯ね。あと、日本リーグがあって、春に都市対抗があって、夏にちょっとオフがあってっていう1年のリズムがあるってことがわかって。そうするとその1年間のことをやるだけでも相当大変で、なにしろチームが弱小だったから。

それは最初の1年ですね。

ところが18歳になってわたしが全日本のユニフォームもらうとなった時に、今度はアジア大会があるんだとか世界選手権があるんだとかワールドカップがあるんだとかいうのを色々知るわけですよ。

選ばれてから知ったんですか？

まず、選ばれたのがオリンピックのメンバーじゃなく、アジア大会っていうね。ちょっとちっちゃな大会。バンコクであったたんだけどね。それが一番最初に全日本のユニフォームを着るきっかけ……きっかけっていうか、急に選ばれたんですけどね。その時に選ばれたのが、高3トリオっていって、倉紡からわたし、日立武蔵から加藤きよみ、ヤシカから永野比佐子っていう3人の選手が選ばれたんです。皆1m80以上でね。

ほう、背が高いから高3トリオ。

もちろんそういう意味です。そしてこの子たちを二年後のオリンピックをからめて、育てていこうってのが大人たちの目論見だったり……その時はそんな風に考えないけどね。2年後の事なんて考えないけど、20人程選ばれた中にいたんです。高3トリオがね。

高校中退して倉紡へ

1番目のターニングポイント

まあそれで、ターニングポイントの話。前に、高校時代の体育館の床拭きとかそんな話をしたじゃないですか。高校に入ってなんだかんだで1年が過ぎたんです。わたしなりに。3年の先輩がわたしたち1年にレギュラーを渡してくれてから。必死の思いをして頑張って、なんとか形になって、さあ2年生になりましたってなったんだけどこんどは新人が1人も入ってこなかったんですよ。「えーっ！」って思うよね？　わたしたち2人でも大変だったのに後輩が一人も入ってこない。

また床拭きしなきゃならない。

それもそうだけど、今はわたしたちは2年で3年がいるけども、3年になった時にチームができないって気が付いたわけですよ。それで焦ってそれこそ自分でチラシを作ってね。「来たれ、バレー部！」みたいな感じで。もう全然バレーをやったことがない子たちを勧誘して回ったんですよ。で、入って来たのはバレーなんか全然やった事がない子たちだから自分の練習よりも新人さんの練習に付き合わなければならないんですね。それでもまあ、月日は流れて何月だったかはちょっと忘れたんだけど、辞めたのは夏前ですから、その時にインターハイの予選があったんですよ。で、就実高校ってとこに負けたんですよ。春高で優勝をしたことがある、高木先生っていう監督なんですけど。実はわたしは中学の時に来ないかっていう話があって、わたしの中学の一つ上の先輩がその学校に行ってるんですね。それで、わたしも就実に来ないかって話になって。それで、練習に行ったんですよ。先輩の顔を立てて。だけどその時にその監督……。

高木監督。

そう、バレーに対して、わたしはちょっとこれじゃあついて行けないなって思った。わたしが目指すバレーじゃないなって、生意気にも15歳のわたしがお断りしたんです。それで、わたしは片山女子に行くんですね。で、その後就実がメキメキ上手くなっていって、それまではずっと片山が勝ってたんですけど、そのインターハイの予選で就実に負けたんですよ。

自分が断った学校に負けちゃったんだ。

そう。それで、その時にわたしたち負けてみんなで倉敷に帰って来たんですね。そしたらその高木監督が倉敷の駅にいて。岡山就実だから岡山に帰るはずなのに倉敷の駅でわざわざわたしの事を待ってたんですよ。それでツカツカって来て、一言ね。なんか「ザマーミロ」ぐらいみたいな事言われたんだよね。

アラー（笑）ショックな話ですね。でも先生がそんなことを言ったの？

いや「ザマーミロ」という言葉では言ってないと思うけど。その時のわたしには「ザマーミロ」に聞こえたの。で、それがわたしが高校をやめる大きなきっかけなの。それがなければもう少しやったかも知れない。なんでそんな事をわざわざ倉敷の駅で待ち構えて言ったのかわからないんだけどもわたしには決定的に響いたんですよ。

プライドですかね？

プライドなんかじゃないと思うのね。プライドって言葉も知らないしね。16……まだ17になってないな。わたし7月生まれだから。16歳かもわかんないですね。高校2年にはなってたんですけど。なんかね、発奮しちゃったんですよ、その時そこで。ものすごい怒りというか、悲しみというか。

悔しさ。

17歳の乙女が立ち上がったんです、そこで。大人に対して。なんてひどいことを大人は言うんだろうって。フフフ。この話は誰にも言ってないんですけどね。

いいですね。でも、それが原動力ですね。

原動力です。で、それが気持ちの中にグーッと持ち上がって。その時に倉紡の事を思い出したんです。それよりだいぶ前の事なんですけど倉紡の白井監督が見に来ていたんですよ、片山に。それで、将来倉紡に来いよみたいな事を言ってくれたんですね。それでそれを思い出して、そうだ来いって言ってくれたんだって。

このわたしを、っていう。

それで、そこから先はちょっと覚えてないんですけども、どうやって監督のとこに行ったのか。そのへんってまず行かないと話がつかない気がするんですけど、高校生だからどこでどうしたのか……でも意外とわたしやると決めたら無鉄砲で動くからどうやったのかわからないですけど。

覚えてないんですか？

覚えてないんですよね。監督のとこ先に行ったのか、高校の監督のところに先に行ったのか覚えてないんですよ。ただ、わたしは高校辞めますって。中退しますって事を言ったんですよ。で、みんなびっくりしちゃって。若い30代の校長先生の所に行って、今どきは高校出とかなきゃとか、せっかくここまで来て何で？　とか言われましたよ。でもわたしには時間が無いんですって言えば、いやまだまだ人生いっぱいあるよって（笑）。

みんなわかってない（笑）。

そのときわたしの考えてたこと、みんなわかってないですよ。20歳でオリンピックに出るんだって思ってましたから。そうしたらこの1年2年は大きいと、だってこのままズルズル行ったらわたし自分の練習もできないし、目標も全然見えないし……高校の先生と倉紡の白井監督に言ってから家に帰って母に言ったんですよ。母もやっぱりせっかく入ったとこだし高校くらい出ておいた方がいいんじゃないかって反対しましたよね。皆反対ですよ。

まあ当然の反応ですよね。

それでもわたしがどうしてもって言ったら、みんなが話し合いして。大人がみんなで話して決めたのは「寮を一回出て、家から学校に行って、学校から倉紡へ行って、練習して、夜家に帰って、それを一週間やって出来たら考えよう」って話になったんですよ。まあ、岡山から倉敷に電車乗ったら20分だしね。やってみようと思って。

やったんですか。

やりました。何をどうやって行ったのか、自転車で行ったのか歩いたのか……まあ、とにかく行ったんですよ。辞めたいばかりに。それで、練習して、実業団の練習は学校終わって4時くらいから8時くらいまでやったんですかね。でも4時間くらいの練習だから。お客さんだし。悪いことを見せないし。これならわたしにも出来るって思ったんですよね。

その時はいいとこ見てね。

うん。でも学校もちゃんと行ったし、遅刻もしないし、ちゃんと練習したって事を認めてくれて、そんなに意志が固いんだったらってしょうがないねって校長先生の。まあ、そりゃ特待生で行ってるからすべて免除で行ってるわけじゃないですか。学費も寮費も。それで辞めるっていうのは申し訳なかったんですけど。

返せとか言われなかったんですか?

言われなかった。一切。

君に期待していたのにどういう事なんだーとか一切？

全然全然。大人たちはすごく優しかったですね。

素晴らしいなあ。

いや、わたしは本当に人に恵まれているんで、嫌な思いは本当……。ほかの人は嫌な思いしたんだろうけどわたし自身はね、してないんですよこれが（笑）。

いや、ひどい話だ（笑）。でもあの、大変失礼な言い方だけど、今になって、何十年もたってるから、いい事だけ覚えてるって事はないですか？

ないない。そんなことはない。もっと凄かったのは、君は片山女子学園を将来卒業したって事にしますって言ってくれたんですよ。

太っ腹だ。

いやなっているかは知らないですよ。なってないと思いますけど。どうなってるのか知らないけど……。

調べましょうよ（笑）。

なんかそんなんで、大人たちの気持ちは穏やかじゃなかっただろうけどわたしの意志が固いっていう事がわかってもらえて。それと学校の内情的にも傾きかけてたという噂もありました。そのまま引き留めてこの子の将来を潰してしまうのもどうかって思ってくれたのかも知れませんしね。ま、とにかく現段階少なくとも部員が集まんない。それで一生懸命集めて今度素人みたいなね、また育てなきゃいけないな事やってたら、何しろ間に合わなくなりますものね。それを学校としてもいわば特待生で取って、それでこんな体たらくでいったら可哀想だし……っていうのもあったのかも知れませんね。

もしかするとね。

でもそれは学校側は、そうは言ってもね、生徒側から言われるとは思わなかったと思うのね。痛いとこ突いちゃったんだよね、わたしが。

結果がそれで走れたんだもんね。

そう。でも後押ししてくれたのは、やっぱり倉敷の駅で待ち伏せされたあの……。

タカギ監督……。

それがやっぱり起爆剤になった事は確かなんですよ。それが一つあって……。

一番目ね。

やっぱちょっと燃えたんですよね。わたし自身が。燃えたけれども倉紡入ってきて、入ったらもうビックリコックリでねー。それはまた後程の話でね。

はい。

それでもう一つのターニングポイントは、20歳のオリンピック終わる前にわたしがもう辞めるよって事で小島さんからいつでも辞められるじゃないかって言われて19歳の時に……白井監督がクビになっちゃったんですよね。それで、わたし入った時は背番号24番くらいだったんだけど、もう1、2年経つと背番号10番ぐらいかな？　下級生もたいしたのも入って来ないし、実業団に落ちちゃったしね。日本リーグから。やってもやってもしょうがないし、怪我もしたし、このままいってもオリンピックのメンバーにもなれないし、24までにオリンピックなんて到底無理だ。このチームにいたらもうとてもじゃないけどって思ったらスッカリ士気が下がっちゃったんですよ。で、全日本でヨーロッパ遠征から帰って来たら白井監督はクビになって、もう居ないし。他から来られた先生が監督になってるんですよね。で、いつもわたし、講演とかで言うのは、要するに19歳なんていうのは世界は自分中心に回っているような感じじゃないですか。

うん。確かに。あまり周りの事は考えませんわね。

自分が突っ走ればどうにかなるみたいな。そういう気持ちでいるのに、もう頭から砕かれたわけなんですよ。名前を変えてまで。養女になってまで付き従って来た白井監督がわたしには何の相談も挨拶もなしに居なくなってるって事が、何というのか……本当に晴天の霹靂っていうのか？

びっくりしますよね。

びっくりびっくり。それでその時にピカッと「これだ！」って思ったの。もう辞めるしかない……辞めたい辞めたいってずっと思ってて、辞める理由をずっと探してたんだから。ああ、もうこれだと思ったの。うまく利用させてもらったって言ったら言葉悪いかも知れないけどね。

ああ、凄い（笑）。19歳の理屈……。

ほんとだよね。だけど白井監督に憧れて、高校を中退までしてこのチームに来たんだから言えるよね。そうやって。

言えますね。

だから言ったんですよ。わたしはちょっとショックで立ち直れない……そういう意味のことを言って、そのまま家に帰っちゃったんですよ。岡山に。そしたらまあ、小島先生が家に来てくれて、バレーやめるのはオリンピック終わってからでもいいんじゃないかって言われて、それでオリンピックまでは行って、だけどオリンピック終わったらわたしはもう引退しますっていうことはみんなに言ったんですよね。この辺にはまたいろいろ話があるんですけどそれはまた後程ってことで。

2番目のターニングポイント　倉紡から日立へ

で、第二のターニングポイントってのは、今度は22歳。世界選手権ですよね。えーと、日立に入ったのは21歳の夏前ですね。ワールドカップの予選が前橋であったんですよ。わたしとしてももう、10カ月くらい引退してたのかな。それでやっぱまだ21歳ですから。仕事しなければいけないって、ある日突然思っちゃったんですよ。

急にですか？

それまではバレー辞められて嬉しいっていうのと、なんていうかな。本当に放心状態だったんですけども。あっ、食べて行かなくちゃいけないって思ったんですよね。で、何しようか、ゴルフっていうのもなーとかね。色々考えたんですよ。でも、色々よくよく考えたらまた一から何かやるよりもバレーボールをもう一回、金メダル目指すっていう道もあるんじゃないかっていうのが出て来たんですよ。せっかく今まで5年近くバレーをやって来たんだよなーって、こんなに嫌いなバレーボールだったんだけど、その嫌いってとこからもう一回やりたいっていう事になって来たんですよね。で、何回もテレビで大会かなにかを観て、そうやって外から観て、もう一回やりたいっていう気持ちがね。

せっかく外に出たのに……。

その一回出たってというのが良かったと思うのね。中にいたら分からない事も、外から観たらわたしだったらああするのに、こうするのにってあるじゃないですか。

それは分かります。

で、今度は無性にやりたくなって、さあじゃあどうしたらできるんだろうってことになったわけですよ。で、自分の中で、やっぱし倉紡を辞めて行ってるから、もう一回倉紡に戻るっていうのはね。さすがにそれはって事と、倉紡は紡績だから紡績関係のチームはやめようと、それと、関西のチームはやめようと。で、東京のチームって事で、フジフィルムとか東京サンヨーとかあたりで、日本リーグに入ってたのがそんなんだったから考えたんですよね。わたし、まして日立なんか自分が入れると思ってないから……。

日立って特別なものだったんですか？　強かった？

そう。17の時にですね。わたしが倉紡に入ってその年だと思うんだけど、紅白試合をしてくれたんですよ。日立の人たちが倉紡に来てくれたんです。それで聞いたら山田監督と白井監督は麻雀とお酒の飲み友達だったらしいんですね。それで、お前のとこいい選手が入ったなみたいな話になったんじゃないですか？　じゃあってことで、わたしなんか日立武蔵ってのはサインはVとかの立木武蔵の世界だからアタックナンバー1の世界で、すごいお姉さーん！　って感じじゃないですか。

憧れのお姉さん！

うん。すごい憧れで、よく試合で1回戦で当たってケチョンケチョンにやられてスタスタと帰った事があるんですよ、わたしたち。日立とよく当たって。そりゃもう、歯が立たない。

腹立たない？

全然全然。もう本当に憧れの人たちなんですよ。誰かになりたいとかじゃなくて、もうチーム全体が輝いて後光が見える。だから日立なんてわたし入れるものじゃないし声もかけてもらえないだろうって、まったく関東のチーム知らないからね、まず。後半はわたし日本リーグの選手じゃなかったんですからね。実業団リーグですから下のチームですから。強いチームと戦ってないですからね、ユニチカだとかそういう。

ああ、そういう事なんですね……。

で、一年ぐらいブランクあったたし。とにかく日立はあこがれの存在。それで、試合が終わった時だったかな？　前って事はないから、終わってからだと思うんですけど。山田監督から「おいおい」とかって呼ばれて「なんですか」っていったら「君は妹いるか？」っていきなり言われたの。

妹？

で、いや、わたしが一番末っ子ですって言ったの。ああそうなんだーって。お母さん若いの？　って言うからわたしは38の時の子ですから母はもうだいぶ年ですって話をしたの。残念だねって。それが第一声だったんですよ。

へぇー？

山田監督とわたしの、最初の会話は。で、それをつらつらと思い出したんですよ。そういえばわたしに興味を持ってくれたんだよなーって。それで、えーと、なぜ日立だって言ったのは、ミュンヘンオリンピックが終わった後に飛行機に乗った時に、わたしは辞めるって決めてるときに飛行機の中でね、小島さんが「おい、白井。お前新聞に載ってるぞ」って言うんですよ。「何が載ってる？」ってみたら見出しに「白井貴子、日立へ」って。日立へ……なんだっけ？　ええと、なんだっけ？　ああいうのなんて言うんですかね？

転職？　リクルート？　移籍？

まあそれがね、載ってたわけ。とにかく字が大きかったですよ。スポーツ紙だったと思うんですよ。1面だったような気がしたなあ、わたしの記憶では。1面ってことは無いかなあ？

まあ、自分中心だから（笑）。

そうか（笑）。でも大きな字でしたよ、中身は見てないんですけどね。

でも知らなかったんですか、まったく？

びっくりしちゃったんですよ。

自分が新聞で自分の知らない事を知る、でかでかと取り上げられているっていう……。

何故日立なのかもわからなかったんですよ、ユニチカならわかるけど。それはね大人がなんかこうユニチカに入るべきだっていう事で牽制して日立って言ったから日立は無いぞとか、今だったらそういう風に考えられるけどね。何故日立なのかわからなくて、小島さんに言ったのは「小島先生何言ってるんですか。わたしはこのオリンピック終わったら引退するって1年前に言いましたよね」って「そうだよな」って「じゃあ何だろうね、この記事は」っていうのは覚えてるんですよ。

ふーん。

で、そんなのも思い出したわけですよ。

へー。凄い。今、帰りの飛行機の中って言いました？

うん。オリンピック終わって負けてショボくれてる飛行機の中で、監督が新聞をわたしに見せたんですよ。お前こんな風に新聞に出てるけど、何かどういうことだって感じで。

凄いねー。

だからわたしも「こっちが聞きたいです」くらいの事を言って。「わかりません」って。それがあって10か月後ですよね。で、色々考えて、そうだ日立へ行こう！　ってなったわけですよ（笑）。

日立が来いって言ってくれるんであれば素晴らしいですよね。だって、眩しくて眩しくて（笑）

……。

憧れだよ？　憧れだもん。それで、一緒にオリンピックに行った岡本（真理子）さんが、高校の時から一緒に練習試合をしてたんですよ。東大阪の選手でね。彼女は一つ年上で。で、毎年、春とか夏に練習に来てたんですね。片山（女子高校）に。で、オリンピックのメンバーに選ばれたって事もあって。で、夜逃げしたのも一緒にやってる人。

そうでしたね。岡本さん。

そうそう。だから1回目の夜逃げは倉紡の人とやって。2回目の夜逃げは岡本さんとやって。3回目は日立のレギュラーみんなで夜逃げしたの。3回夜逃げしたんだけど。まあ朝逃げだけどね。そんなこんなで、電話番号知ってたんですよ。岡本さんの。で、電話して、「実は山田先生とコンタクト取りたいから、なんかいい方法ないだろうか」って言った。後から聞いたら白井から電話がかかって来たらこうしろとかって言われてたらしい、やっぱり。

はー、なるほどー。

でもね、その時わたしが岡本さんに何を訊いたかっていったら「噂によると日立って休みが多くて、強いんだよね？」っていう（笑）。富士山に登山旅行に行ったりとかね。海水浴に行ったたって話聞いたことあるんだけど本当にそうなの？　って、そんなこと訊いたのよ。倉紡は休みが無いチームだったからね。あんなに強くて、それで休みがあって、そこに憧れてる……って話をした覚えがあるんですよ。彼女も白井からそういう風に言われたら「そうだ」って言っとけって言われてたらしいのね。

美味しいとこだけ（笑）。

そう（笑）。それで、へーそういうことならもうわたし、行くしかないじゃんみたいな（笑）。練習少なくて強いなんて、倉紡は練習が多くて弱かったから、もう本当にわたしが憧れて憧れていた世界……だから魔法の練習があるんだって思ってたわけですよ。魔法の練習が（笑）。よく言われてた関東バレーと関西バレーの違いっていうのがあるんだけど、わたしの育った関西バレーは「拾って拾って」っていう。まあ、バレーボールは拾わなきゃトスに繋がらないし、アタックも打てないんだから、拾うっていうのは大事なこと。

下についちゃったらおしまいな競技ですもんね。

だからレシーブが主役のバレーが関西で、攻撃をちょっと恰好よくやるのが関東のバレーって風に聞いてたの。わたしが若い時から。だから恰好いいバレーができるみたいな。レシーブあんまりしなくても……だけど要するに能天気だからわたし、自分に都合の良いことしか考えないわけですよ。

いやー。でもそれ大事ですよね。

だから苦しい事なんか考えてないわけですよ。まったく。今までと違うバレーができるっていうだけで、いきなり鬱から躁になっちゃったんだよね。鬱で引きこもってたわけじゃないですか。バレーやめて家でずっと。いろんなとこから勧誘が来てて逃げ回ってたわけでしょう。お姉さんのところに行ったりとか親戚のところに行ったりだとか。友達の先輩の家に泊まったりだとかさしてもらってウロウロしてて、とにかく鬱の状態で、もうバレーやりたくないのに、「バレーやれ、バレーやれ」って皆言って来るんだから。それがここにきて一転して躁になっちゃったわけですよ。だからもう考える事全部バラ色なんですよね。

鬱とか躁とかっていうより、さっきの話に戻りますけどやっぱり生きてかなきゃいけない。バレーに戻るしかないみたいな気持になったっていうことですよね。

わたし10カ月休んだけど、できそうな気がしたんですよ。バレー。まだ21歳じゃんって思って。

まだ若いですからね。

うん。だけど10カ月休んでるから体もね85キロくらいになっちゃって（笑）。

ちょっとわからないんですけど、それはかなり重いって事？

重い重い。だって、現役引退したとき72キロだから……13キロオーバーじゃん（笑）。

贅肉ついて85キロなら重いよね。

まん丸くなっちゃって。それで、体重は増えちゃってるしダイエットしなきゃいけないところから始まるんだけど。まあとにかく山田監督の連絡先を聞いて、電話入れたんです。そうしたらすぐ来いと。

なるほど。

で、俺たちは前橋でワールドカップの予選をすると。で、ヤシカと決勝戦があるから、この日に来いと。何時に前橋総合体育館に来いと。そこですぐ話し合いをしようと。そうですかって、行ってみたらまさかの記者会見（笑）。わたしはそんなことになるとは思ってないわけですよ。でも行ったら山田さんはもう待ってましたみたいな感じで、白井はもう日立に入りますみたいになっちゃったんですよ。

なるほど。もうお膳立てはできてたわけですね。

こっちはビックリですよ。「お願いします、わたしを使ってください」って言いに行くつもりでしかなかった。記者会見があって世間には「もう下準備ができていて、契約金もらって白井は日立に行くんだ」って広まったんだけど、まったくそうじゃない。これはわたしが何回言っても信じてくれないんだけど実際はそうなの。

世間って単純ですからね。ミュンヘンであれだけ頑張った白井貴子が今度は日立で活躍するぞ

みたいな、そういう期待の渦ですよね。でもご本人は「13キロ太っちゃったぞ」みたいな（笑）。「まずどうしようかな」みたいな。

世間的っていうことでいえば、わたしユニチカに行くと思われてたんですよ。

じゃあ、やっぱり日立ってのは世間的にもびっくりな事件ではあったんだ。

世間的には（笑）。日立に入るのって、やっぱり金の力でって、憶測？　色々あったんじゃないですか。わたし自身は全く貰って無いから。何言われたってやましい事もないし。ただ「山田先生相談があるんですけど。わたしを日立で使っていただけませんか？」ってそう言いに行こうと思ったら、その日が記者発表だったの。

すごいなあ。

ビックリコックリよ。

それは前橋で？

前橋で。そして、もっとびっくりなのは、わたし覚えてないんですよ。躁状態だったから。

ええっ！　ズルい（笑）。

ほんとに覚えてない。日立のある国分寺を起点にして100キロ以内は日立専用の大型バスで移動するんですね。オレンジ色のね。あれにボールカゴ入れたりね。皆の荷物入れて移動するんですよ。だいたい100キロくらい。だから前橋って100キロあったかどうか知らないですけど帰りバスだったんですよ。それで、4時間くらいかかったんですよね。そのあいだわたしはアカペラで4時間あたりずっと歌ってたんですって。

躁状態だから。

うん。皆も一緒に歌ってるんだよ。だけど白井が歌ったって話になってるの。

いやー。どんなだったんでしょうね。

どうしていいかわからなかったんでしょ、自分で。そもそも何故わたしこのバス乗ってるんだろうってことが先ずあるでしょう。

何を歌ったんですかね？

わかんないですよ。だからその頃の流行歌でしょ。

カラオケみたいなのは……。

ないない！　有るはずない（笑）。アカペラアカペラ。

アカペラでね。へー。いいな。マイクはあったんですか？

ないないない！　そんなんじゃない。だってワールドカップの予選に負けてるんですよ。みんなもうね、落ち込んでるんですよ。それなのに躁状態のお姉ちゃんが来ちゃって歌いまくってるから皆で歌おうみたいになっちゃったんじゃない。

なるほどね。変な言い方だけど歌っていうものは嬉しい楽しいだけじゃない、なんていうかすごく残念とか悲しいからみんなでってありますよね。つらいから逆に盛り上がろうとか。

どうかな。とにかく何曲か歌った覚えがあるんだけど、みんなから言われるのは、ずっと帰りまで白井歌ってたって。

自分じゃ覚えてない（笑）

覚えてない。４時間も歌えるはずないし。せいぜい歌っても2時間でしょう。2時間は歌ってたんでしょうかね（笑）。

いや2時間歌えるぐらいなら4時間歌える（笑）。

どうですかね。でも後で聞いたらみんなには監督からお触れがあったみたいでね、白井が来るよっていう事はわかってたから。

心の準備があった（笑）。

みたいです。それで皆はコワイお姉ちゃんが来るぞみたいな。怖れ慄いてたみたいなんですよ。後で聞いたら。

なるほど。

で、寮に入ることになって。その時「ああそういう事だったんだな」って思ったのは、寮の階段の下に古本おいてるんですよ。みんな読んだ本をね。縛って。ぽっと何気なく一番上の本を見たら血液型の本があったの。「O型のすべて」っていう本。それで「何でO型の本があるの？」って訊いたら「白井貴子さんがO型で、O型の白井貴子さんがどんな物の考え方をするのか」って事前に皆で研究したんだって。

ははは（笑）偉いな。研究熱心だ。怖かったんだろうね。

怖かったんだと思う。オリンピックに出た白井貴子さんが自分たちのチームに来て何するんだろうって思ったんじゃないの？　まあ、それくらい脅威だったんでしょ。彼女たちも。

そうか。だから、4時間アカペラで歌ったんですよ。4時間アカペラで歌うような人だからってみんなそれに、その勢いに飲まれてね。歌ったって事実がなければこの事みんな言わないから。本人がすっかり忘れるのは当然だし、やっぱり4時間歌ったんですよ。

いや、2時間だよ。4時間って言われたけど、わたしの中では4時間なんか歌えるかって思うんですよ。アカペラで歌詞もないのに歌える歌がそんなにあるとは思えない。

永遠の謎（笑）。でもその時のバスの中の空気がどんなだったのかは何だか分かりますね。

だからみんなウェルカムって事だったと思うんですよ。シーンと4時間バス乗ってたらお互いに辛かったと思うんですよね。

いいきっかけですよ。一緒に歌を歌うなんて仲良くなる事じゃないですか。

はじめてですよ。誰も知った人いないんですよ。

でも歌はそういう力がありますよ。でもそれって、白井さんにとっても、そんな風にはじけて参加するって今までなかった事じゃないですか？

ない。だっていつも下級生だったし、縮こまって、あーしなさいこーしなさい、やることなす事ダメ出しをされてた人間が、いきなし何やってもいい状態になっちゃったわけでしょ。

「あなたの存在が、そのままでいいんだよ。あなたのその個性をみんなが待ち構えて期待しているんだよ」って言ってくれたわけですもんね。

いやあ、さすがにそこまでは（笑）。でもまだ21ですから。だけど、こんなわたしでも受け入れてくれるんだっていうんで、本当にはじけちゃったんですよね。

いいなー。いい転機だったんですね。

でも、それからわたしどうやって家に帰って荷物を整理して日立に入ったか覚えてないんですよね。でも入ったんですよ。とにかく入りました。

入ったはいいんだけどまた一難

で、入っちゃったはいいんだけど、その時の4月から大古（誠司）さんが日本鋼管からサントリーに入った時に、誰でも彼でも辞めてどこでも入っていいっていうのはやっちゃいけないっていうルールが出来たの。前の会社がOKしない限り、次の会社に行けませんっていう、わたしが日立に入ろうとした年にね。

それは行く前ですか。

行く前ですね。前の会社がOKを出してくれたら行けると。それで日立から「会社としては倉紡さんがOK出してくれたら入社を認めますが、OKがもらえない限りは喉から手が出るほど欲しいですけど、それは出来かねます」って言われたの。

建前上、その大古さんの一件があったからちゃんとしなきゃいけないみたいな空気になったって事ですか。

そうじゃなくて、ルールが決まっちゃったの。それで、もし前の会社のOKが取れなかったら入社をしても2年間は試合に出られませんというルール。

そりゃ厳しい。

うん。でもそういうルールが出来たの。でも不思議なのが、わたし大古さんと偶然羽田空港で会ってるんですよ。

その時に？

その時です。でもそのルールが出来る前だか後だかわからないですよ。たまたま飛行場で会って、大古さんから「おー、ビック。次はお前の番だな」って言われたんですよ。だけどわたしは日立の事なんて何も考えてない時期だから。なんでわたしが羽田空港にいたのかっていうのもちょっとわからないんですよ。そこらへんは。でも、次はお前の番だな、頑張れよって言ってくれたのを覚えてるの。わたしは大古さんのその事件知らなかったからね。移籍問題の事。

その事知らないままそういう会話したの。

知らないんですよ。で、何言ってんだろなって思って、だけど次は君の番だよって言われて。そのあと記者会見やら何やらがあって、イザ日立入りますっていう時に、山田先生から今年の4月から新ルールができて、前の会社がOK出さない限り、会社には入れないんだよ。入れたとしても公式試合には出られないんだよ、2年間。

うーん。

それで、そのあと日立としても入社を認められないってってことになったんで、山田先生が今度はストライキを起こしたの。

ほー。それは白井さんの為にってこと。

そう。要するに自宅で2人で。

へえ。

OKが出るまで。ぼくも練習に行かないって。ただね。先生のお子さんがまだ小さかったんですよ。そこに、何カ月か居たんですよね。それで、倉紡に挨拶に行ったのが8月ぐらいなんですよ。

正式に辞めたいと。

ていうか、挨拶に。辞めてることは辞めてるわけなんですよ。

ご縁は切れてるわけですね。それなのに日立はダメだったんだ。

要するに、日立に行くのを許して下さいって言いに行った。

言わなきゃいけないんだ。

そういうこと。それが8月で、暑い日だったのを覚えてるんです。芦屋にお住いの本郷専務のところ。その方がバレー部長だったんですね。

なるほど。

で、住所を山田先生が調べて、芦屋にあるぞと。日曜日だったら家にいるんじゃないかって。そこを狙って行こうよって感じでね。で、行くことになったんですけど。その間わたし太ってたからダイエットしなきゃいけないって事で、八王子二中の監督のところでバレーをやったり、後、サマーランドで水泳をやったりだとか、色々なんかそんな感じで暇してますから体育館には行けないわけだから。練習はできないから。で、そんなこんなしてると先生の子供たちが「ビックのお姉ちゃん、ずっと家にいてー」って言い出して「なんでー」って言ったら、「ビックのお姉ちゃんが家にいる限りはパパも家にいるから」って。それまで家に帰った事が無かった人だからね。

山田さんってそういう人？

うん。まあバレー部の寮で寝泊まりしてる人だからね。子供たちにそう言われて、何てことしてるんだって思いましたけどね。八王子と国分寺で遠くもないんだけど。倉紡の白井監督なんて社宅だったから毎日家に帰ってたしね。小島さんも貝塚と大阪でも毎日帰ってたし、山田監督が体育館になのかその近くの旅館に泊まってるのか、家に帰ってこないんだって話をそこで初めて聞かされたんですよ、子供たちから。上が小学生。下がまだ……何歳だったかな。最近会うことがあって大きくなったねみたいな話になって、何年たったかねなんて話する事になったけど……。

その話は向こうも覚えてたわけですか？

いや、そんな話はしなかった。小さい子供がヤンチャで動き回ってるからそっちに一生懸命だった。そのとき近所だったんですよ。引っ越してきてね。山田さんの奥さんも一緒に。二世帯住宅を建てて近くにいるよって聞いて、遊びに行ったことがありますね。2回程。長男と二世帯なんだけど妹の方もお母さんの家の傍に家を建てて、仲良く暮らしてる。

それはなによりですね。

話が横に行っちゃったんだけど。とにかくご挨拶をしなきゃっていうことで芦屋の本郷専務のところに行ったんですよ。猛烈に暑い日で、自動販売機なんかもないし、公衆電話も見当たらないし、ただ住所だけを頼りに芦屋の駅から歩きました。それで、いろいろ歩いたら道がわかんなくなって、交番があったんで交番で住所見せて、ここへ行きたいんですって言ったら、こうこうこうって言われて、交番だから家は知ってるじゃないですか。

で教えてもらって行ったら大きなお家で。思い切ってピンポーンって押したら、そしたら本当に専務がドアを開けてくれたんですよ。

専務ご本人が……。

それで「よう来たな」って言ってくれたんですよ。びっくりしちゃってわたしも。いつかわたしが来ることを専務は覚悟してたんだと思うの。でも気さくに「あがれあがれあがりやー」って言ってくれて、関西の人だからね。「今冷たいお茶持って来るから坐っとけー」とか言われたんだけど、わたしはご挨拶するまでは坐るもんじゃないって思ってたから立ってたんですよ。本郷さんっていう方は身長のこと言うのは失礼だけど、１６０センチあるかないかの小柄な方だったんですね。座れ座れって言われてるんだけど、よく冷えた麦茶も出してくれてるんだけど、とにかくわたしはそこでつっ立ってる。まずとにかくちゃんとご挨拶をして、自分がここに来た目的をしゃべらなきゃいけないって思うから、本当に声を振り絞って「実は……」って言おうとしたら、専務が急に手を出して握手してくれたの。言わんでもいいよって感じでね。わかってるよって。「君はこれからどこどこの選手じゃなく、日本の白井貴子になりなさい」って。わたしあまり泣いたり感動したりってしないんだけど、一筋の涙ですね。「ワーッ」じゃなくて「ツーッ」って、それだけ。それでそのあと、そのまま「ありがとうございます！」って言って帰っちゃった。

えーっ（笑）、お茶も飲まずに？

うん（笑）。お茶も飲まないし、何て言うのかな。自分勝手というか礼儀知らずっていうか。今思うと恥ずかしいばかりだけど、15歳で家を出て、いろんなこともわからずに、バレー馬鹿っていったらおかしいけど、嬉しくて有頂天になっちゃってて。これはもうすぐに山田監督に報告しなきゃいけないってそれしか頭になくて。わたし本当に単純な人間だったんだろうな。今も結構そうだけど。これは考えたらすごい失礼なことですよね？

でも、心が……一筋の涙があるから。ただポーンと大喜びだけじゃなくて。

本当に天真爛漫っていったら聞こえがいいけど、「ありがとうございます、ありがとうございます、それじゃわたし帰ります」って帰っちゃったんですよ（笑）。その後もずっと専務さんとは年賀状のやり取りはさせていただいて、お亡くなりになるまで……。でもあれがなければ今のわたしはないんだなってずっと思っています。

たった一人で行ったんですよね。

一人ですよ。芦屋でキョロキョロしながら。交番に聞いて。アポイントなしで、ピンポーン！　そしたら、ご本人が出て来られて。

日曜日で自宅でくつろいでいらっしゃった。

専務は着物を着てました。それは覚えてるの。浴衣っていうか、夏ですから浴衣みたいなのね。よう来たなって。普通だったら何しに来たんだーってなっちゃうところを、わたしが日立で練習してるって知ってるわけだからね。何しに来たかってのもわかってるじゃないですか。みんなから言われたんでしょうわたしが倉紡には戻ることないだろうし、協会からも言われたんだと思うよ。白井のやりたいとこでやらせたらどうだって。彼女は日本にとって必要な人材じゃないかって説得されたんじゃないかって思うんですよね。でもそんなこと想像もしませんよ、わたしまだ子供だったし。ただただ嬉しいだけで、ありがとうございます、ありがとうございますって。後先の事も考えないで、そのまま新幹線に飛び乗って。新幹線に公衆電話なんてなかったんですよ。今から40年以上も前のことですから。それで、電話すぐ入れて、「先生、ＯＫ取りました！」「良かった、すぐ帰ってこい！」って言われて、八王子まで帰った覚えがあります、感動して。その日は、朝一に新幹線に乗って……。

芦屋で、立ち話して（笑）。

そのまま新幹線。座らなかった、お茶も飲まなかった。すごい失礼なことだと思うけど、そういう事がＯＫなぐらいとても人格者なんですよ。本郷さんっていう方は。

それがＯＫなくらい白井さんが若かったんだろうな（笑）。こんなに若い子が本気になって来てるのに、俺が足手まといになってることもないかなって……。

「しょうがねーや」って思わせちゃうわたし（笑）。

そうそう（笑）。

だからうまくいったのかな。やる事なす事ダメだダメだって言われ続けてたら24歳の時金メダルはなかったと思うんですよ。みんながバレーに、日本に金メダルを取らそうっていうそれだけの国民みんなの……。

みんなですよね。国民全体。あの時オリンピックの中継見て、タクシー運転してる人も、かき氷削ってる人もね、みんな俺も参加してるんだなって、一緒に戦ってるんだなって思いが当時あったんですよね。

今思えばそうだと思う。わたしは会社の寮に寝て、体育館に通って。よそ様の、国民の声なんて聞いたこともないしね。どういう思いで応援してくれたかってわからなかったし、ただ自分が頑張るしかないってだけだったけど。今の時代だったら街頭で「オリンピック頑張ってくれ」っていったら本人の耳に入るんだけどね。いい事も悪いことも耳に入るけど、あの当時は何もない。一方通行だしね。こっちには何も聞こえなかったんですよ。

第4夜

日立秘話・一番燃えた日々（2016年7月5日）

1974年冬。日立体育館の前。山田監督と珍しいツーショット。

前回ってどこまで話しましたっけ？

倉紡の本郷専務のところに行って……。

そうそう。要するに倉紡のＯＫが出たっていう事で、会社側がどのようにしてくれたか知らないけども、晴れてわたしは日立に入社が出来たのね。そこで、いざ練習っていうことになるんだけど、その時点で1年ぐらいもうずーっと試合っていうか、練習ひとつしてない状態ですから、体も重たいしそこから大変だったんだけども。まあまだ21っていうことで、みんなと練習しながら徐々に自分の体を作り上げて行ったんですけど。それより根本的なやり方の違いっていうか、関西バレー、関東バレーっていう区分があるのかどうかっていうのはわたしもそんなに深く知ってるわけでは無かったんだけど。結局わたしが10代の時にやってたものは小島さんとか大松（博文）さんとかのバレーはレシーブですよね。こうやって「拾って、拾って！」っていうバレー。もちろんバレーってのは拾わないとトスもアタックもできないんだけど、どっちかっていうと関東は綺麗なバレーを目指すみたいな。で、関西は泥臭いバレーみたいな。一言で言うとね。

具体的にはどんな違いがあったんですか？

たとえばわたしはそれまで、二段トスっていうか高いトスしか打ったことがないわけですよ。だけど日立のバレーってのは速攻バレーみたいな事をもうやってたんですよね。センターにしてもレフトにしても速いトスっていう事で。松田（紀子）さんがセッターだったんですけど。松田さんていうのは高校の時エースで、日立に入った時もエースで入ったらしいですよね。背は低かったけど運動能力は高くて、それで、元々日立ってのはセッターを作るのが得意なとこだったんですけれども、松田さんの入った時代がセッター不足だったんですね。当時セッターやってた方が試合中に脱臼したりして。その時の日立は選手が不足だったらしいんですね。不作の年って言ったらあれですけど。それまで凄い大型選手がいて、メキシコオリンピックで活躍した人たちが、ミュンヘンが終わってバタバタやめちゃって、新旧交代の時代だったんですよね。一番年長が22で、わたしが21だったんですから。それで、松田さん自体がセッター経験がなくて、経験のある同級生に教えてもらうっていう……永木（芳子）さんっていう金メダルを半分にした選手……。

そうそうそう、それは有名な話ですね。

彼女にセッターを教えてもらっているんですけど、そこで二段トスってのが一番大変なんですよ。ニュートンの法則じゃないですけど下から上へ持ち上げるってのが一番大変じゃないですか。だからAクイックっていうのが一番簡単なんですね。Bクイック、Cクイック、それからロングパス、二段トスですかね。わたしはそれこそ二段トスしか打ったことがないから、オープントスっていうんですかね。松田さんは平行しか上げられないっていうか、平行バレーで、全然打てないわけですよわたしいつも。で、馴染まなくて。言葉の壁とか、食事の壁とか、今思えばバカみたいな話ですよ。そう思い込んじゃってるからね。「あーもう食事も合わないな。言葉もアレだし、山田さんも言ってる事がよく分からないし、小島さんとか関西ではみんなアホとか言うけど、こっちはバカって言うんですよね……。

言いますよ（笑）。

で、そのバカって言われるのがなんかすごくバカになった気がして。とってもなんかこう……。

ムカつく？

そうそう。だから要するに憧れて入ったから余計に落差みたいなのがあったんですよね。それこそ昔、一番初めの頃に「できない」「ヤダ」「得意じゃないよ」っていう思いで、やるつもりもなかったバレーをやってみたら結構面白かったっていうのと真逆な話で、入りたくて入りたくて入ったのに入ったら大したことなかったっていうのと、山田監督に言われた最初の言葉が「借りて来た猫だ」みたいな。

ふーん。どういう意味だったんですかね。

「使い物にならない」とかね、散々言われたんですよ。本当に1年くらいは監督とは口も利かないみたいな状態で。それで、そのまんま世界選手権に行くんですよ。

なるほど、凄いな。

だから1年ぐらいはわたしもどうしたらいいのか……まあ、その間に体力をつけたりとかね。筋力をつけたり1年間やってなかった分をその間に自分なりにもう。結局倉紡やめて日立に入って、ここにきて嫌だから辞めますなんて言える状況じゃないじゃないですか。

確かに。

辞めたらただのワガママ娘になっちゃうわけだから。それこそ、入ってすぐに思ったこと「こんなチームでどうやって勝つんだろう」って山田さんに訊いたら「いや。君が入ったから金メダル狙えるんだよ。」って言われて。えーっ、ミュンヘンであんなに素晴らしいチームでも勝てなかったのに、こんなんで3年後のオリンピックで金メダル狙うなんてどういう事だろう……って。本当にもうショックで、「えーっ」みたいなことだったんですけども……辞めるわけにもいかず。

頑張るしかないと……。

まあそんなこんなで1年ぐらい経って世界選手権ということになって、メキシコなんですけど、その前にロスで練習試合してたんですね。アメリカのチームと。その頃のアメリカはまだまだこれからって時だったんですね。フローハイマンっていう二メートル近くの選手とか、リタ・クロケットっていったかな黒人の選手とか、が居たのかな。これから世界に向けて頑張ろうっていう、ナショナルチームを立ち上げようぐらいの感じで。そこにわたしたちが教えに行ったたってのもあるんですけどね。それでその練習試合の最中に松田さんが転んで半月板を壊しちゃったんですよ……。

ありゃー。

大怪我ですからね。松葉づえをついて、日本に帰らなくちゃってことになって。もうみんな呆然ですよ。結局セッターっていうのは、セッターとアタッカーの組み合わせっていうのは野球で言ったらキャッチャーとピッチャーみたいなものだから、キャッチャーがいなくなっちゃってどうするんだみたいな。でもやらなければいけない。そのまんまグアダラハラでまた、練習をやりはじめたんですね。山田監督自体が、メキシコオリンピックで銀メダルだったたっていう悔しい思いがあるから、もう一回そのメキシコで、なんて言うんですか、リベンジの気持ちが凄く強かったんだと思うんですね。

メキシコオリンピックから6年経ってたんですけどもね。とにかく同じ過ちを犯しちゃいけないって事で、高山トレーニングをやったり。メキシコに入る前ね。富士山の五合目でトレーニングをしてみたりとか結構やって、この世界選手権の前も結構前からね現地入りしたんですよ。向こうで高山病に耐えられる体に馴らすみたいなことでね。ロシア行った時も標高の高いところで合宿したりとかも。それに向けてすごくやったんですよ。

執念ですね。

だけどそうこうしているうちに、今度はわたしがやられちゃったんですよ。練習の時なんだけどスパイクを打って、降りたとたんにぎっくり腰みたいになっちゃったのね。かなり精神的なものだと思うんですよ。松田さんがいないとこで勝たなきゃいけないしどうしたらいいんだろうってのがあって、余計に頑張ったのか……それで、この後ね、前置きがちょっと長かったんだけど、ひとつの事件っていうのか、ろくに口もきかなっかた山田先生と共に戦って行こうっていう気持ちを強くすることになる大きな事が起きるんですよ。

山田監督との強い絆が生まれる

このぎっくり腰はね、幸い比較的軽かったんですよ。整体の先生も行ってらしたんで、診てもらって。ちょっと練習休んでって感じで。そこで合宿しながら本チャンはメキシコシティだったんですね。予選ですね。ここでまあベスト4に入って、今度決勝リーグってことで、またグアダラハラに戻って来たんですよ。で、そこで風邪なのか高山病なのか分かんないんですけど、体調をわたし崩しまして、今じゃどこでも出て来るドーピングっていう問題ね。あれが問題にされ始めたころでしたから、変な薬は飲めないし休んでるしかなくって、結局何日間か寝ちゃったんですよ、わたし。まあ、あの、決勝リーグまで日にちがあったっていうのもあって、それと、監督もアイデアを出して、こういう薬を飲んでるって事前に報告すればいいんじゃないかって事で、風邪薬を飲んで、何日間か寝て、で、決勝戦の前の日に「どうだ?」って言われて、まあ、あの当時、日本かソ連しか強くなかったからね。予選で。で、練習もしてないし体調も悪いけど「どうだ?」って言うから「うん。やれると思います」って「まあ、無理しなくていいよ」って、ここまで来たから頑張ろうな、二年後のオリンピックに向かってソ連がどんなチームなのか戦ってみようやーって話をしていたんですけど、その前にグアダラハラで、わたしはぎっくり腰をやっちゃったわけですから、セッターがいなくなって、エースが故障しちゃって、みんなどうにもならない状態になっちゃって、暗ーかったんですよ。

そりゃ暗くなりますよね。落ち込むよね。

わたしはすごい責任を感じて、その時背番号が8番だったんですね。ってことは7人先輩がいたわけですよ。

そういう順番があるわけですか。

一番がキャプテンで、あとは2番3番ってのは年の順なんですよ。

じゃあ、誰かが抜けると繰り上がってく訳なの？　背番号って。

抜けないですよ。だから背番号で行くんですけど、ミュンヘンの時は一番年下だったから12番だったんですよ。

あー。そういう事か。

前後の背番号。メキシコの時は8番で、モントリオールの時は5番。で、ワールドカップは3番着てるから……。

だんだん年上になってるって事。

キャプテンマークは付けたことなかったけどね。

なるほど、そういう意味があったんですね。

昔はそうやって年齢がわかったんですよ。同級生でも生まれた順で3番4番5番ってなる。

誕生日順？

誕生日順ですよ。そういう番号の付け方をしてたんですよ。それで、話は戻るけど先輩たちも打ちひしがれてて。どうしたらいいと。で、その時、三洋電機と、ヤシカと、日立で編成されてたのかな？　で、そういう先輩たちもいたんで、あと、日体大の斉藤さんって人もいて、大学からも一人。それで、わたしが何を思ったかっていうと、どうにかしなきゃいけないっていう事ですよ。わたしが挫けてちゃいけないんだからっていうことを強く思ったんですね。それで今日はグアダラハラを出発してメキシコシティに行くっていう、予選リーグに行きますよって日に、バスで移動するんですけど、空港行くのにね。ちょっと時間があったんで、みんなで中庭に集まろうって言ったんですよ。で、そこでまた歌が出て来るんですけどね。

世界選手権。日本女子 10 年ぶりの金メダル。

得意の……（笑）。

みんなで歌でも歌おうよって。わたしもこんなになっちゃってゴメンネって。皆暗い気持ちで、こんなんで試合やってもアレだから。心一つにしようよみたいな形で、なんとなく噴水の周りに集まって歌を歌ってたんですよ。なんとなくね。そうしたらそれを聞いた監督が部屋から出てきて「白井部屋に来い！」って呼び出されて。何を考えているんだ、お前。で、そのときヒールっていうのか運動靴じゃなくて、ちょっと高いヒールっていうんですか。そういう靴を履いてたんですよ。

はい。

そしたら腰が悪いのに何でそんな靴を履いてるんだって。そこから始まって。もうイチャモン大会ですよね。

虫の居所ってやつですか。

とにかく凄いイチャモンが始まって、「何を歌なんて呑気に歌ってるんだ。大会前だろ？」こうきちゃったわけですよ。わたしもブチッってキレちゃって。1年間を鬱屈してたものが爆発したんですよ。「もういい加減にしてくださいよ！　わたしがチームの為に悪さをしたっていうんですか？　盛り上げようとした事が罪なんですか？」みたいになっちゃったんですよ。そしたら「そんな選手いらないから帰れ！」って事になったんですね。じゃあ丸山マネージャにパスポートもらって帰りますからってなって。それで部屋を出たらみんなが居て、みんなはわたしが呼ばれて何があったかって思ってるじゃないですか。で、監督が帰れっていうんでわたしは帰りますって言ったら「えーーっ！」ってなって泣き出す人もいたりとかして。「謝りなよ。監督に謝ってよ。帰るなんてそんなこと言うのやめなよ」とか言われて。でも監督が帰れっていうんだから帰りますよ。帰り方もわからないし、お金もないし、もう興奮してるからね。帰るつもりはないけどね。

でも、売り言葉に買い言葉じゃないけど……。

そうそう。そうこうしてるうちに、バスで移動しなきゃいけなくなっちゃって、わたしは言う事はもう言っちゃったし、本当は帰るつもりだったんだけど、一人じゃ帰れないしどうしようかって。本当になんて言うんですかね。ドタマに来ちゃったかたちになって。それでもバスに乗ったんですよ。で、グアダラハラから飛行機でしょうね。バスに乗って飛行機に乗って。そのグアダラハラからメキシコシティってのは距離もあったんだけど、興奮してたからもうわけがわからないんですよ。

臨場感ありますよ（笑）。

で、メキシコに入りました。次の朝はもう練習も出ない。その代りご飯も食べない。試合も出ない。もうみんな勝手にやればいいじゃないかっていう事でもう勝手に散策ですよ。ごはん食べない、練習もいかない。それで、夕方みんな練習から帰って来たんですよね。いかんせん夕飯なんか抜いたことが無いわたしが昼も食べてないからお腹グーグーだったんだけど、意地ですからね。みんなは「大丈夫？」とか言ってくれるんだけど……。

大丈夫じゃ無い（笑）。

それで米田コーチがね。部屋にやって来て、「ちょっともう謝れよ」って、ごはんも食べてないで体も壊すからって。練習するしないは別にしてごはん皆で一緒に食べようよって。それでもね、わたし要らないって。それで、夜も抜いたんですよね。強情ですよ。でも最後に先生が呼んでるからっていうことで……行ったんですよね。わたしもこのままでいったら餓死するんじゃないかみたいな……たった一日だけど（笑）。

いやいや、体も大きいから（笑）。

まあそれで、先生が話をしたいって言うから部屋に行くんだけど、「なんで？」って感じでね。しぶしぶという形でね。わたしは行きたくないけど、監督が呼んでるから……向こうが来ればいいじゃないかぐらい思ってるんですよ。まあ、しょうがないなあって思って、先生のところにコンコンって部屋に入っていったんですよ。監督は「おお」とか言って、手を出すんですよ。

手を？

うん。仲直りしようって。で、俺も悪かったけどお前も悪いぞって言われたのね。そのね、俺も悪かったけどお前もって……、お前も悪かったけど俺も悪かったって言ったら許さなかったんですけど（笑）。

言う順番が……。

大切（笑）。それで、ご飯も食べてないだろうってパンか何かあったのかな？　果物か何かで食べろとか言って食べたんじゃないかな、食べなかったのか、それも覚えてないんだけど。まあ座れよって話になって。で、俺も言い過ぎたって言って。で、わたしも良かれと思ってした事だったけどこんな事になって本当に残念だみたいな話をしてたんですけど、そこで監督は自分の夢を語り始めたんですよ。

本人の。監督の夢。

幼い時に母親が亡くなったと、母親が亡くなった事で妹を面倒見る人がいないんで、親戚の家かどこかに養子に出したと。それから妹に会いたくて会いたくてしょうがなくて、妹が中学生になってバレーボールをはじめたと、部活で。それを聞いてそっと見に行ったたって。それでバレーボールと自分が結びついた。それまでは柔道とか剣道とかやってて藤枝だからサッカーやってたかわからないけど、まあ、バレーボールってのはなかったけども妹がそのバレーを一生懸命楽しそうにやってるのをみて、俺はいつかバレーで何かしたいみたいなね。

気持ちになった、と。

その時に、バレーボールってのを見て、それほどバレーボールは女がやるものだって思ってたけど自分は妹とのきずなでそれをやったっていうんですよね。大学の2年ぐらいまでやったって言ってましたね。あの方は教育大ですよね。今の筑波?

東京教育大。昔の。

そうそう。だからあまり上手じゃなかったと思うんだけど、大学2年生くらいで自分は指導者の方にね行きたいって事で、八王子の方にいたんだけども。そこで山田さんって人に見染られて、養子に入ったたって。

養子に入った。婿養子じゃなくて？

山田の森ってくらい大きな山田さんの家にお子さんがいらっしゃらなくて……。

じゃあ本当の養子だ。

山田さんを見て、一生懸命やってるのを見て、援助してくれたんでしょうね。

なるほどね。

それで養子に入ったっていう話と、それから、自分は三鷹高校の先生をやりながら東京オリンピックは徹夜で並んで切符を買ったと。で、その4年後には自分が監督になってるんだけど、それで日立がバレーボール部を作りたいって事で僕に話が来て、日中は練習、三鷹高校の練習をして、車だけ置いといて俺は学校にいる風にして国分寺まで行って、で、日立の練習をして、タクシーで三鷹高校まで帰って来て、車で家まで帰って来てってそういう生活をずっとやってたんですって。何年やってたか知らないですよ。それで日立のチームができて、自分が高校の先生を辞めて、それで日立の監督になったと。で、オリンピックまで行ったけども惨敗したと。それで、東京オリンピックってのは金とれたからみんながあれだったんだけど、俺の代でつぶしてしまったと。で、銀でも2位だから祝勝会に行ったと。そこで事件が起きたんだと。

何があったんですか？

エレベーターに乗ってたら、選手みんな大きいから、メキシコのときは、日立の選手は大きかったんですよ。1メートル80の人も何人かいたし。それでホテルにいたお客の人たち、酔っ払ってたのかわからないよ。その人たちが「バレーか、お前ら金メダルも取れないで国賊って言われたんですって。それを聞いて皆ワーって泣いちゃって。それで、その後みんな引退してしまったと。まだ若い人も。もうちょっと頑張って26ぐらいでもう一回ミュンヘンに出られるような選手も一気に辞めてしまったって。だから次のミュンヘンはユニチカのメンバーで戦う事になったんですよね。みんなやめちゃったんで。で、そういう悲しい思いをお前たちにさせたくないと。俺はもう一度金メダルを狙いたい。「君たちに金メダルを獲らせたい。」俺が獲りたいじゃなくて「君たち」っていうその言葉の響きにわたしすごく感動しちゃったんですよね。だからこの人を男にしないと誰が男にするんだみたいな感じになった。

いいですね。

すごい今までバカヤローとか思ってたんだけど、あんなに……まあ、本当は自分が獲りたいと思ってるかも知れないけど、お前たちにどうしても銀メダルの、あの思いはさせたくないんだ、だから君たちに金メダルを獲らせてあげたいっていう言葉を聞いて、そこから発憤したんですよね。わたし自身が。こんなに選手の事を思ってるんだ……、それまでわたしの中では凄い反感があったから逆に余計に琴線に触れたっていうかね。本当にこの人を男にしなかったら誰がするんだーみたいになっちゃったんですよ。そこから、その日から同志になったんですね。監督とわたしは。

素晴らしいね。

それで、なんじゃらかんじゃら言いながら金獲っちゃったんですよね。

その時ね。そのメキシコで。

そう。獲れると思ってなかったのに。それもねやっぱし、試合前に監督から言われたのは、金坂(克子)と矢野(広美)っていうのが日立からレギュラーでいたんですね。新人で。金坂が一つ下で、矢野が二つ下なんですけども。新人で。彼女たちにオリンピックの決勝前にお前もオリンピック経験してるし、いろんなこと経験してるからアドバイスしてやってくれよと。緊張してるだろうし、金坂は松田さんのかわりにセッターだったからね。

それは大変だ。

すごい緊張してると、だからもうなんでもありだよって言ってやれよみたいな事で。あーわかりました。わたしなりに話してみますよって言って、3人で話をして……内容はたいした事ないんですよ。わたしたち、世界選手権終わったらまた日立として頑張らなきゃいけないから、これこれ、あの、あと日立で優勝することになってナショナルチームをね、作らなきゃいけないんだから、あんたたちこれで力をつけて、国際試合で。はじめての国際試合だから。みんな最初はあると。最初ってのはね。

誰でもね。

うん。誰でもね。わたしだって最初ってのはあったし、みんなとそんなにキャリアは変わらないし、変な話、あんたたちの方がキャリアあるよって。小学校から中学校……まあ、小学校はやってないにしても春高（全国高等学校バレーボール選抜優勝大会）出てる子だからね。みんな。わたしは春高なんか出てないし、キャリアはわたしの方がないって。あなたたちの方があるよって。だから頑張ろうって。負けてもいいじゃん。どうせ負けてたんだからソ連のチームに胸借りるつもりで頑張ろうよって。それがなんかすごく良かったみたいで、彼女たちがのびのびやったんですよね。負けてもいいんだ！　みたいな（笑）。

なるほどね。

次の日本リーグの方が大変なんだからみたいな（笑）日本リーグで日立が優勝しないと山田さんが今度監督にならないんだからねって、他の監督だったら選ばれるかどうかわからないけど日立だったら選ばれる可能性があるんだからみたいな、そんなおいしい話をしたんだと思う。詳しくはしゃべらないまでも、それに近い話をして、リラックスさせたっていうのかな。で、日立の選手の主要の二人がすごく頑張ってくれたのがあって、そのまま日本に帰って来るわけですよ。で、そっからが大変で、わたしが日立に入って、1年ちょっとですよね。1日も休みがなかったんですよ。

へー。凄い。

朝から晩まで練習してて。

よく体がね。ふーん。

一週間休みが貰えることになって、みんなキャーキャー言いながら、それで今日から一週間って帰って、一週間後……だけど、みんな実家が北海道とか九州だから一日潰れるじゃないですか。

行くだけでね。

帰って来るのに一日でしょう。で、5日でしょ。それで、高校の先生とか中学校の先生にご挨拶にいかないといけないでしょ。

確かに。

で、家でも報告会しないといけないでしょう。そうしたらゆっくりできる時間がないわけですよ。なおかつこういうんですよね。まあ、一週間って言ってるけど1日や2日早めに練習に出て来るのもありだよねってって（笑）。

結局戻ってきちゃう（笑）。

ようするに女性の体っていうのは一日休むと戻るのに一週間かかるんですよ。だから、一週間休んだらね。7週分筋力が落ちちゃうのよ……7週分。

若くてもダメなの？

もちろん。だから練習は休まないでやってるんだけども。やっぱりそういう風に言われたらそうだよなーって。結局わたしは一日前に行ったんだけど、結局みんな一日前に帰って来てましたね。体育館には。

なるほどね。休んだら自分につまりおつりが返ってきちゃうって事ですもんね。

そうですよ。筋肉痛がまた来るわけですよ。

なるほど。

意外とわたし筋肉痛が好きなんですよね。

えっ。

サドマゾの世界（笑）。痛い。トイレ入れない。足が曲げられない筋肉痛ってのを何回か経験してるんですけど、それは筋肉がついてる！　だからわたしの体は筋肉がついてるって耐えられる……みたいな（笑）。

今こうなってるのは体が強くなってるんだっていう。素晴らしいな。

ようするに「ミュンヘンへの道」なんかで、斎藤（勝）先生がトレーニングやったりして、あの頃からトレーニングって言葉がね。流行りだったものですから。自分の体を、人間改造じゃないですけど。肉体改造じゃないけど、痛めつけると上手くなるみたいな思い込みがあって（笑）。

昔の武士の世界だったら鍛錬っていうじゃないですか。鍛錬の鍛は金属を叩いていじめて固くしてくって事だもんね。

だからあの頃は筋肉使ってね。付くってつ言ったって、傷つけられて熱をもって、だんだん太くなっていくんですよね。運動で脂肪も取れてきて。で、帰って来て、さあって最初のミーティングが。ごくろうさんと。二年後に向けて、オリンピックに向けて頑張ろうねって。わたしたち金メダルを取ったから練習が楽になると思ったらそうはならないんですよ。そっからもう、これから肉体改造しますと。で、何が始まるんだろうと思ったら、まず朝5：30起床。6：00から1時間ランニング。「えーっ」ですよ。ランニングなんかした事ないしね。どこ走るんですか？　ったら日立の中央研究所を走りますって。最初は靴を履いてやってたんですけど、途中から裸足で、破傷風の注射打ちながら。雨が降ろうが雪が降ろうが嵐がこようが、毎日練習やるんですよ。朝。で……朝5：30なんかみんな起きれないんですよ。目覚まし何個もかけたりとかね。で、シャレっ気のある人は頭カーラー巻いたまま走ったりね（笑）。で、ダイエットしてる子はやってきてね。

ダイエットしてたりするんだ。

ダイエットもしなきゃいけない。

はい、すみません（笑）。

その当時からジャンプして膝が悪い、足首が悪いとか半月板を松田さんがやっちゃったって事は、やっぱり筋肉が無いとか、そのー、色々考えたんでしょうね。負けない身体を作るっていう、怪我をしない身体をね。で、平行して、朝練終わってご飯食べて、午前中練習して、お昼食べて、で、朝早いからちょっと横になって仮眠できる人はやりなさい。で、レギュラーは下級生からマッサージ受けて、で、午後練習、14：30とか15：00に練習はじめて、17：00までバレーの練習して、で、17：0から筋力トレーニング。今まで筋力トレーニングちゃんとやった事ないけども、ちゃんとした人を呼んで、バレーに必要な筋力をつけるもの、腹筋、背筋とか、ダンベルもって腹筋やったりだとか、レシーバーだったらこの筋肉、セッターだったらこの筋肉、アタッカーだったらこの筋肉みたいな個別に筋肉トレーニングやって、マット運動とかやって、マット体操とかやったりして、いろんな体操の選手呼んで来たりとか、ハンドボールのキーパー呼んだりとか、後、巨人……読売巨人軍の広岡さん？

監督の。

その方に野球の守備の仕方、足を広げて、腰を落としてって、そういうの教えてもらったり、本当にいろんな人に……。指圧の浪越さんも来てくれたんですよ。

浪越徳治郎さん。

はい。笑う門には福が来るとか言ってワッハッハっていう人。

あー、はいはい。

で、マッサージちょこっと、練習したのかな。まあ、わたしたちはやってもらう方だから、やる方がちょっと教えてもらったのかわからないですけど。で、もう一つの、関門が、食事制限。食事は白いご飯食べてたけども麦を入れますと。で、今まで好き勝手食べてた白いパンも黒パンにしますと。それと、白砂糖を黒砂糖か、ハチミツか、沖縄の……。

黒糖だな。

黒糖とかああいうので、それから甘いもの禁止。筋肉が……。

血糖値ですかね。急に上がったりするから。

そう。コカコーラもアイスクリームもダメ。

ふーん。厳しいね。若いのに。

あと、毎日体重計に乗る事。それからもう一つは、将来君たちがバレーを辞めた後に、いつかお母さんにならなきゃいけないって、その時にご飯も炊けないようじゃいけないから、その時20人いたんですけども、20日に一回朝ごはん当番をやって下さいって。

毎日20人だから20日で回って来るわけだ。

だから、朝のランニングはふつうは5：30に起きればいいんだけど、20日に一回は5：00に起きなきゃいけないんですよ。ご飯作らなきゃいけないから。だからランニングがいいのかご飯がいいのか、でみんなご飯なんか作った事ないから大変ですよ。ご飯の炊き方と、味噌汁、サラダ、卵料理、決まってるんですよ。メニューが。具はなんでもいいと。決まってるのはご飯と、味噌汁と、卵とサラダ、後一品自分の工夫で、20人分。

朝食当番。20 日に一回回ってくる。

この日はランニングは免除なわけだ。

免除免除（笑）。20日に1回。

微妙だなあ（笑）。

そうそう（笑）。で、家に電話して「お母さんご飯ってどうやって何作るんだろう」って、まあ、そういう事もやりつつ、朝ごはんだけはね。

でも素晴らしいね。いろいろ行き届いてる。

世界選手権を皮切りに……皮切りったらおかしいけど、それを2年間。

このトータルの、山田哲学っていうんですか、考え方、やり方はすごいですね。

とにかく練習が大っ嫌いなわたしだけど自分のバレー人生の中で、この2年間は本当に良く練習したって思う。間違いなく、あの2年間は納得してやってました。で、まあ、そんなある時山田監督が、「白井、いいチームになったね」って。オリンピック前にね。本当ですね。わたしが入った時のチームと大違いですねって。色んな練習しましたからね。で、身体も作ったし、「ひかり攻撃」ってのをはじめたじゃないですか。それは何故ひかり攻撃をはじめたかっていったら、山田先生考えたんだろうね。松田さんができない事とわたしができない事、その両方できない事やらそうって事で、ひかり攻撃って事ですよね。２人ともやった事ないんだから。フェアじゃないですか。

お互いが公平だと。

そう。フェアですよ。松田さんもあんな早いトス上げたことないし、わたしもあんな早いトス打った事ない。で、ある時、ひかり攻撃をやるって前に、山田先生から白井聞きたい事があるんだけどっていうんですよ。何ですかって言ったら「滞空力って何だ？」って言うんですよ。ジャンプ力っていうのはわかるけど、滞空力って、字は「滞まる」「空」で「力」ですよね。だから止まってるって事ですよね。ジャンプ力ってのは今まであったんですよ。ジャンプ力がいくついくつあるって。でも滞空力なんて言葉はわたしもはじめて聞いたから、何でしょうかねって話になって、スッっとアタックを打ちながら、色々考えてて、で、ある時、聞かれて何時間か経った時に、滞空力ってアタック打つ時に、空中で今晩のおかず何かなって考える時間があるのを滞空力って言うんじゃないかって（笑）。今考えれば滞空力っていうのは、今まではジャンプしてそのまま打ってたけどそうじゃなくて。空中で「ウッ」って一回背筋を使って、一回考えるもの。そういうのを滞空力っていうんじゃないですかねって。そうだよなって。やっぱりものは考えなきゃいけないよな。ジャンプしながら。そこから滞空力を付ける練習もやったんですよ。で、そうする事によって、わたしたちも腹筋背筋付けて、脚力ももちろんそうだけど、滞空力ってのは上で一回「ウッ」って背伸びをするみたいな……。

なんか反るとか。

そうそう。ねじるとかそういう事を自分の中でやって、なるべく落ちないように。すぐ落ちちゃうんですけどね。でも、頑張る。っていう事を意識の中で。自分の意識で。

持ち堪える。

だから、ブロックを、ボールを向こうとこっちでブロック練習をやるんだけど、ボール持って真ん中に置いて。どっちが先に落ちるんだみたいな。そういう練習とかやったりして。滞空力っていう言葉を聞いて、バレーがまた変わったんですよ。

なるほどね。

で、そんなこんなで、ひかり攻撃をやりはじめたんですけど、まあ最初は全然、ジャンプしてるところにね、６ｍぐらいあったらウワァッとボールが飛んできて、ジャンプして待っとかなきゃいけないなんていうのは、まあ神業だからありえないんだけど、それをやらないとソ連に勝てないって言われて、もう猛練習して、やりましたね。1年くらいかかったのかな。完成するのに。ほとんどもうサーブ、レシーブとかレシーブがセッターにはいらないとできないんですよ。セッターにちゃんと入らないとひかり攻撃ってできないんですよね。だからレシーブとサーブレシーブの完成度を高くするしかないわけです。

ようするに向こうから飛んで来たものを最初から、一発目から安定してなきゃダメって事ですね。飛んで来たやつがね。

だから、そのアタックを完成するのに必要なのがレシーブ力。サーブレシーブですよね、まずは。試合でもいい時だったらだいたい70パーセントくらいセッターに戻ってましたよ。ようするに意識が変わるわけじゃないですか。人間の意識は。点と線でもっていくわけですよ。「私が、そのボールを松田さんにもっていく!」と思うわけですよ。

みんながね。

で、持って行った事で松田さんが料理する、みたいな。で、今だったらみんな誰でもやってるけどサイン。手でね。その組み合わせを自分たちで考えて、ここでAが入ったらこっちにいってあーで、前衛に3人、ないし二人でしょ。だからパターン決まるじゃないですか。この人が入っていったらこーでって、で、段々段々やってるうちにパターンが色んなのできてきて、色んなもの作るようになったんですけども。最初はレシーブが戻らなかったらね。速攻バレーってできないから、それはやっぱりやりやりましたねとにかく。

あのー。本当に可能性ってたくさんあるわけじゃないですか。実際に向こうがどう出るかっていう……それすらも予測しなきゃいけないんだけど、ただ、さっきおっしゃったのが、完成形っていうか、ここにもっていくぞってのがはっきりみえていれば、思いが違うって事ですよね。

だからね。統計をするのが好きだったんですよ、山田先生が。で、一番いい例がサーブレシーブをやると。何本中、何本いくか。で、Aっていうのが松田さんのところに行った。Bってのが松田さんが一歩動いた。Cってのが松田さんが3歩動いた。

1の次は3なんだ。

だからABCって書いてく訳ですよ。白井貴子が向こうから1本サーブ打たれました。そのボールがBでした。Aでした。で、DってのがDIEですよ。死ぬ。向こうに点を取られたっていうこと。ボールを落としたとか。はじいたとか。3メートルラインにボールを持っていけなかった。上げるしかなかったとかね。それはもうCなのね。そうなるともう二段トスしか上げられないからダメなんですよ。

死に玉。

その次は、人としての問題ね。ただただやってたって適当にやっちゃうでしょ。だから山田監督が考えたのは、皆で票を付けて、白井のところにサーブが何本行きました。何本中何本行って、ダメだったの何本って。で、その日の何十パーセント以下は、夕方の練習居残りか、朝練。で、わたしは練習嫌いだから、絶対にそういうのやだから、元々わたし、バレーの中で何が得意っていったらレシーブとサーブレシーブが好きなんですよ。

ほう。

意外と。

もともと?

もともと。サーブレシーブが一番好きなんです。アタックよりも。

意外だね。アタックの人だから。

だからサーブレシーブで居残りって、倉紡の時もそうだけど一度もないんですよ。居残りって。練習をしたくないってのもあるし、イーブンが意外と得意だったたってのかな。何故かっていうとわたしは卓球やりたかった、テニスやりたかった選手だから1対1が好きなんですよ。で、バレーで1対1ができるのはサーブレシーブだけなんですよ。

凄い凄い。

なるほどね。

だからものの考え方なんですよ。ああ、わたしのところに来たら嫌だ嫌だって思うのか、わたしのとこおいでよってっていうのとの違いなんですよ。で、サーブだって自分がサーブ打つとなると、そんな狙ったところにちゃんと打てないですよ。まず。だからもし狙われてるんだったらラッキーと思えばいいんですよ。100パーセントの力でサーブなんて打ってないんですよ。狙うって事は60から70の力でサーブ打ってるんですよね。狙うのは。反対に考えればいいんですよ。自分がそうする時はどうするかって。一番わかりやすいのはブロックがあるわけでもないし、一本目にきて、それも遠いところから打って来るボールじゃないですか。だから一番簡単なんですよ。サーブレシーブってのは。それがみんな反対に、サーブレシーブは嫌いだって思うから、一番遠いところからきてるボールが一番近いボールになっちゃってるんですよね。ものの考え方なんですよ。

なるほどね。

で、そんなことやると皆も居残りたくないから上手くなっていくわけですよ（笑）。

罰則とかが付くといいですね。いろんな話を聞くと。

あとね、罰則もいいけど、反対にサーブ決まったらお金出すとかね。

お金？（笑）。そりゃいい！

でも実際に貰った事はないんですよ。騙されたんですけど。一本決めたら5000円とかいって。日立で一番いけなかったのがサーブだったんですよ。サーブポイントがなくて。サーブまでそんなに練習がいってなかったんですね。入れるだけのサーブで、サーブポイントがないと。サーブレシーブはいいんだけどサーブポイントがない。ある時先生が、1本決めたら5000円預金通帳に入れといてあげるからって話になって、で、わたしその年のサーブ賞取ったんですよ。

ほう。

で、先生お金下さいって言ったらバカヤローアマチュアなんだからお金なんか出せないよって言われて（笑）。

ええーっ（笑）、ひどい。

わたしたちは騙された、いいじゃないか、サーブ賞とったじゃないかって言われたんですけど。そんなこともあったんですけどね。そういう形で、上手いんですよ先生のやり方が。

もって行き方がね。

バスケットリングにタッチしたら1万円！　とか言って。一万円がぶら下がったらわたし、ジャンプ力なんかそんなにないのに一生で一回3m5飛びましたよね。1万円欲しさに。

でも凄い。あんまり普通飛ばないでしょう。

だからその当時はわたしがやっぱり一番だったんでしょうね。ジャンプ力で。お金が目の前にあったから（笑）。それで自分が飛んだところに紐してね。目標みんなで、ここに飛べたらいいよって。そういうのもやりはじめたりね。目標を立てるってのを、人間って目標なきゃいけないよなって。山田さんもそれは、個人のね。一人一人の目標ですよね。

そうですよね。違いますからね。目標一人一人。思いが違うから。

そうそう。だから、そういう事をやったりとかも。一番わかりやすいのは女性ってのはみんなの前で褒めちゃいけないいんですよ。20人いるとするじゃないですか。「お前今日良かったな」って言うと嫉妬の炎が丸出しになっちゃうから、みんなの前では逆に怒るんですよ。「お前なにやってるんだ」とか言って。「今日何やってたんだよ」とかいって。「おまえなんか信じられない」とか言って。で、終わったらどこかで「このチームで一番信頼してるのはお前だけなんだぞ」って。

こっそり言う……。

わたしなんかひねくれてるから、どうせ皆に言ってるんだろうなって思ってましたけど。「お前だけなんだから」って何人に言ってるんだよコノヤローって思ったけどね。前にも言ったか知れないけど「俺はコートの上で死にたい」「勝手に死ねばいいじゃないですか」そういうやり取りをする関係ですからね。「お前だけだぞ」って何人に言ってるんですかみたいなことは先生には言わなかった。そうやって操縦してたんだろうって思うだけで。

やり方が上手なんですね。

お話しタイムがあるんですよ。「なんでそういうプレイになっちゃうの?」みたいな形で、で、椅子持って来いってなると1時間2時間なんですよ。うわっ、また始まる……黒板もってきてバンって書くんですよね。性格分析みたいな事をやるんですよね。

心理学……みたいな。

「だいたいお前はな」っとかいって、一人一人こうやるんですけど、たとえば、お前は自分の性格をどう思ってるんだ。このチームの中でお前の役割は何なんだって。バレーに関係なく言うんですよね。バレーに関係ある事はコートでやればいいじゃないですか。精神論みたいな事をやるわけですよ。で、例えば「もし石を投げられたらお前はどうするんだ」で、逃げますよねって話になって、岡本(真理子)は石を投げられるってわかったら逃げるだろって。誰々は投げられるとわかってても逃げないだろ。イタッって言うだろ。で、白井は1個投げられたら10投げ返すから怖くて投げられないよって(笑)。

ひどい(笑)。オチで使われるんだ(笑)。

まあ例えばね、そういう話をしたりするわけですよ。だからイスを持って来いって言われたらみんなゾーッとしますよ。長いんですよ。

でもその間体は休まりますね。

休まるけどわたしは倉紡の時とユニチカで練習してた時は体がクタクタでどうしようもないんですけど頭はクリーンだったんですよ。日立入って、身体はそうでもないんですけど頭がくたびれてて、毎日頭がくたびれててね。寝れなかったですね。どうしたらいいんだろう、どうしたらいいんだろう、どうするんだろうって。先生がいっぱい難問を出すからそれをどのようにして、どうしたらいいんだろうって頭が一杯になるんですよね。最初わたしはライバルはソ連だったんですけど、だんだんライバルは山田重雄になっちゃって。明日の朝起きたらどういう風に言って山田先生をギャフンと言わせてやろうかってそれしか考えてないの（笑）。

そっち？

山田先生をギャフンと言わせたら絶対にソ連のチームに勝てる。この人を負かさない限り、ソ連のチームには勝てない。もう思い込みですよ。今日はギャフンと言わせた。シメシメみたいな（笑）。もう楽しくやるしかないじゃないですか。どうせやるなら練習は。だから前も言ったように標語作ったりね。「ちょっと待て、ブロックみたか安全か」みたいなね。ブロックあってもバカみたいにバカンと打つやついるんですよ。打ったボールが早く返って来るような。それとコート、たった９ｍですからね。余分な動きをするようなやつがいる。6人で動いてるから1人変な動きしてると皆おかしくなっちゃうんですよね。口で言うと角が立つから標語でいうわけ。「狭いコートそんなに動いてどこに行く」とかね。

それって当時の流行語「狭い日本そんなに急いでどこへ行く」のパロディですね。

そう、あれをもじってね。だってもう毎日毎日練習してたら愚痴も出るじゃないですか。午前のランニング、午後のランニングとかってやる時に、本当にやだやだって思いながらどんどん年も上になって来ると愚痴も多くなるわけですよ。若い時は愚痴も言わないけれど心の中でクソクソって思ってたのがだんだん年取って来るとコーチとかに「ああやだねーこんな練習ばっかりやって」とかそんな話をしながら走るわけですよ。愚痴ばっかりになる。そんな時にわたしの中である出来事があったんですよ。

はい。

体育館に山田先生の机があるんですよ。大きな机。そこのところに「日めくりカレンダー」があったんですよね。「一日一善」みたいな標語が書いてあるやつですよ。その日24日だったんですね。24歳の時で、24日だったんですけど。それまで自分の中で日めくりを見る習慣なんてなかったんですけどその時たまたまパッと見たら「愚痴は言うまい。自分で選んだ道だから。」って書いてあって。ハッと思って、すごく自分が恥ずかしくなっちゃって（笑）。「そうだなあ」って。最初はバレーやれって言われたんだけど、実際に選んだのは自分だし、高校入ったのもわたしだしやめたのもわたしだし。倉紡入ったのもやめたのも日立入ったのもわたしだし。誰からなんだかんだ言われたわけじゃなくて、この道は自分で選んだんだよねって。そこで目が覚めたんですよ。

その瞬間にパーンと。

パーンと目が覚めた。愚痴を言ってたらダメだって。魅せられたんでしょうね。その日めくりの言葉に。日めくりなんか見たことないのにその日だけバッと。だからあれは今でも愚痴を言いたくなると「愚痴は言うまい。自分で選んだ道だから」って思いますよね。誰に指図されて生きてるわけでなく、自分で選んだ道だから愚痴はイカンイカンって。だからまったく言わないわけじゃないけど愚痴は割と言わないほうですね。

なんかそれって前に伺ったお母さんの話といい。白井さんを送り出す時に……。

そう。「人を羨む、妬む、それだけはやめなさい。自分で道を切り開いていきなさい」って。高校入る時に、15歳の時に言われましたね。家が貧乏だからそんなにあなたにあげる事はできないけれども、独り立ちするあなたにお母さんの贈る言葉があるって言われたのが、「人を羨む、妬む、それだけはやめなさい」って。「自分で道を切り開いていきなさい」っていう言葉。

直結しますよね。

それはもう高校時代はそれだけが自分のそのお母さんが言ったことはこういう事なんだなと思いながら「人は人。自分は自分がやれる事をやればいい」って。悔しいとか妬ましいとかうらやましいとか思わないで我が道を行こうって。そういう事を諭してくれたのは母の言葉ですよね。

味方になってくれる言葉ってありますよね。自分を支えてくれる……。

まあなんてったって、対戦相手が自分たちより弱いってのが一番の味方ですけどね。

なるほど（笑）。でもそれは選べないし。

選べないけど、だから勝てるんですよ。相手が弱いから。自分たちより遥かに上のチームだったらどんなに頑張っても勝てないのに金メダルなんてありえないじゃないですか。互角で金メダル狙うっていうならわかるけど、ハナから無理なのに金メダル狙うっていうのはありえないじゃないですか。やっぱその六四くらいならね。ひっくり返すことができるかも知れないけど七三じゃ無理でしょう。

実力が。

う—ん。

現実問題としてって事ですよね。まあ、五分五分でね、どっちが勝つかわからないってのはあるよね。よくわたしが言うのは、ミュンヘンの時もそうだけど、色んな大会見てて、神様が上から……まあ、神様がいるかどうかはわからないけど上からみて決勝戦の時に、よく頑張って来たね。４年間頑張って来たねここまで。今日は決勝戦だよ。で、上からね塩か胡椒か知らないけど「調味料かけるから両方頑張れよ」ってかけてくれるんだけど、一粒多いか少ないかの違いが勝ち負けになるんだってわたしは思う。たまたま平等に粉がかからなかった。かからなかった方が負けてしまった。決勝戦に行くっていうのはそれだけの実力があるから決勝戦に行ってるわけだからね。ハナから七三なんていうのは無いと思うんですよ。

その前に格差ができちゃってますもんね。

そうそう。だから。

戦うって時点で互角って事ですもんね。

あとは、こんだけ練習して負けるはずがないっていう気持ちと、やり残した事があったな。もう少しやっとけば良かったなあっていう気持ち。わたし受験勉強ってやった事ないから分からないんだけど、ここまで勉強して落ちたんならしょうがないとかあるじゃないですか。そういう思いでしたね。ミュンヘンの時はもう少し練習しとけばよかったって思いましたけど、モントリオールの時はここまでやって負けるのはもうしようがないよって。そういう感じでしたよね。

うーん、やっぱり突き詰めたんですね。

第5夜

引退3回：それぞれの事情（2016年7月13日）

1971年。ミュンヘン。プレオリンピック。

3回の引退、それぞれの事情

今回は引退の話です。実はわたし選手生活で3回引退したんですけど……普通は1回ですよね。なんで3回も引退するのって、おかしいんじゃないかってことになりますよね。今日はそこらへんを……そういういきさつのこまごましたところをまとめてお話し出来たらと思います。それぞれ深い理由があるんですよ。

はい、興味深いですね。

まず、最初の引退っていうのは一九七二年のミュンヘンオリンピックが終わった後です。オリンピックの直後というそういうタイミングで、引退という一大事を決行することになった理由は、実際のところ、それまで所属して来た倉紡での選手生活が思い描いていたものとかなり違ったという事が原因なんですけども。色々なことが積み重なって、ある限界に達してそういうことになったんです。お世話になったところを飛び出すという事はやはり人間関係の義理や何やらが沢山あった訳ですから、その辺のいきさつについてちょっと説明しておきたいと思って。

そもそも倉紡には希望して入られたんですよね?

希望っていうか必然というのか。17歳で高校を辞める選択をしたときに誘ってくれたのが倉紡だったので、行先は倉紡しかなかったんですよ。他のチームがあるのも知らないし、せっかく誘ってくれてっていうこともありますよね。選択肢が無かったっていうのかな。まず高校をやめて、早く実業団に入って、自分は自立したいっていう気持だけで。やっちゃったからには突っ走るしかないみたいな。

選択の余地が無い、と。

そう、それで選んだのが倉紡だったんですけれども。実際に入ってみるとまず練習量が違う。なにせ高校の時にやっていた練習は放課後せいぜい2、3時間やるくらいでね。ところが実業団に入ってみたら朝から晩まで全部が練習な訳ですよ。甘く見てたっていうとおかしいんだけど、まあ予想をはるかに超えていたわけです。まず、身体がついて行かないんです。コッチはまだ17歳の高校生なのに、身体のしっかり出来たおねえちゃんたちと一緒に練習するんですから。しかもどこまで行っても一番下級生で、なおかつレギュラーで。右も左も分からないのに身長が180センチあるっていうだけで期待されて、体力もないのに皆とおんなじ練習やっちゃって。そこでハタと「甘かった!」って思ったわけですよね、自分の中で。

ナルホド。

それで、実際やっぱりついていけないから突き指やら捻挫やら怪我もいっぱいしたし。腰も一回抜けたんですよね、17歳ぐらいだから何があったのか自分でも分からなくてコートの真ん中で動けなくなって。腰の骨がずれちゃってヘルニアの状態になっちゃったのかも分かんないですけども、そのままそれから現在まで腰が痛い状態なんだけどね。

持病になっちゃったんですか。

そうそうそうそう。それとあと歯ですよ。強く噛み締めたり食いしばったりして力がかかって歯がボロボロになってしまった。身体ができていないのに、身長だけはあるわけじゃないですか皆さんより。身長が伸びてるってことはそっちの方にカルシウムなんかが持ってかれちゃってて本当は骨が弱いんですよ。それなのに、身長が足りてるってことは骨も丈夫だろうっていうふうに思われるんですよ。全く逆ですよね。今の医学がそのころあったら分かったんだろうけど。結局、もっとガンバレみたいな感じで言われて、いろんな無理をすることになって。

きつい話ですね。

だから皆とおんなじ練習をすることによって貧血を起こしたりとか、呼吸困難を起こしたりとか、もう寝ても寝ても眠くて、立ってても寝られるような状態でした。５分とか10分とかいって、そのまずっと寝てたりしたこともあったし……でも、もっときついのはそんな状態でも集団生活ですから色々な当番っていうのがあって、朝ご飯を作る当番とか夜の片づけをする当番とか掃除当番とかいろんな当番なんだけど、それを全部こなさなきゃならない。

当番って、たくさんあったんですか。

うん、変わったのでは青汁当番っていうのがありました。白井監督っていうのはすごく栄養の考え方を大切にする人で、青汁とか豆乳をいち早く取り入れたんですよ。それでその青汁の葉っぱ、ケールっていうんだけど、その葉っぱを毎朝洗わなきゃいけなくて、それをケール当番とか青汁当番って言ってました。ケールの葉っぱ、それこそ青虫がいっぱいいうようよしているみたいなのを一年中、冬は冷たい水で一枚ずつ洗わなきゃならないんですよ。

うーん。

それとお風呂のことがまた大変でした。部屋は二人で一部屋ですから、同室の先輩とそういう当番のスケジュールが合わなかったりすると先輩が帰って来るまでお風呂に行けないっていうことがあって、ずっと待ってるんですけど、疲れてるから冬だったらそのままおこたで寝ちゃったりとかしちゃうんですよ。倉紡っていう会社自体は紡績業ですから工場の方の機織り機は二十四時間常に動いてるわけです。女工さんたちの方は朝番、昼番、夜番って三交代制なんですよね。それでお風呂の時間っていうのはもう決まってて、夜の11時にはお風呂の電気が消えちゃうんですよ。わたしら選手も女工さんたちもみんな一緒の同じお風呂に入るんですけどもこっちはもう11時ギリギリになって、もう消灯時間ですよ。みんな汗かいてますからお風呂入らないで寝るっていうのは困るし、部屋にシャワーがあるような時代ではないですから入んなきゃいけない。でもとにかく11時には電気が消されちゃうんですよ。練習時間が遅くなればもう真っ暗で、月の明かりを頼りに入ってたりとか。そんな時「あたしなんでこんなことになってんだろ」って思うんだけど、まあみんながやってるからそりゃわたしもやらなきゃいけないって諦める。そんなこんな。とにかくそれまでとのギャップがすごかったですね。

想定外ですね。

まあ、それでも勝てればね。苦しい練習も報われるっていうか耐えられたんでしょうけど。当時の倉紡は弱かったんですよ。最初入ったときは二十四名ぐらいいたんだけども、段々と選手がいなくなって日本リーグから実業団に落ちちゃったりしたんで。やっぱり勝てないとね、人間って面白くないじゃないですか。練習も人数が減ってんのに一杯いた時の練習と同じだけしてると、きついんで自然と手抜きになっちゃいますよね。手抜きになるから勝てないし、勝てないからいい選手が入って来ない。

悪循環っていうか……。

そう、悪循環ですよね。そしてそうこうしているうちに、弱っているその状態にとどめを刺すような大事件がおきちゃったんですよ。

ボイコット事件の顛末

とにかく女性だけの社会だったんですよ。だいたい女の人っていうのは自分の身の回りのことがすごく気になるんだけど、男の人って身の回りのことは気にならなくて遠くが気になるっていうじゃないですか。だから男と女の間で喧嘩になるでしょ、男が「話聞いてんの？」って、女の人は電話しながらアイロンしながらテレビ見てるっていう、男の人は電話って言ったらもう電話だけっていう、まあ色々いるから極端に言えばっていう話ですけど、それぐらいの差があると思うんですよ。

それは言えますね。

女の人は子供産んでね、子育てしなきゃいけないから。もし子供に何かあったらもう何も考えないで飛び込んで行けるけど、男の人は一瞬考えて行動するっていう。で、それを見た女の人が「あなたは薄情者ね」って喧嘩になるっていうのを聞いたことあるけど、それは右脳と左脳の違いだってよく言うじゃないですか。女の人は右で考えて、男の人は左で考えるって。だからスポーツやる人の脳は右なんですよね。カンっていうか瞬間的にパッと動ける。情報を集めたり深く考えるのは左なんだけどそういう風にはならない。それは白髪がどっちから生えたかで分かるらしいですけど、わたしは右から白髪になりましたけど、どうでした?

うーん、どっちだったかな。だけど白髪が生えてからスポーツこころざしても(笑)

遅いか(笑)。まあそれはともかく、そういう「女性の脳」が一つの事件を引き起こしたと思うんで、ちょっと語っておきます。

だいたい練習が終わったら必ずミーティングというか反省会をやりますよね。今日はこんな練習したけどここが出来なかったとか明日はああしたいこうしたいとか、って。それで、ある時わたしの二つ上の先輩が先生に対してね、「先生にちょっと物申したい」ってね、言い出したの。

先生っていうのは？

あ、先生って白井監督のことです。で、その先生に向かって「物申したい」って言うんですよ。なんかすごく険悪な雰囲気なんですよ。そしてその先輩が言うのには「今日一日先生がチームメイトにどれだけ声をかけたか調べました、誰々さんには何回、誰々さんには何回声をかけて、誰々さんには一回も声をかけませんでした」って（笑）。

うわーっ？（笑）。

そういうことを言ったわけですよ、その先輩が。いやわたしもびっくりして。監督にこういうことをモノ申すのもすごいけれども、練習の最中にこういう風に数え上げてるっていうのも凄い。こういう能力を違う所に使ったらいいいんじゃないかっていう……。

うんうん。

で、そのあと監督に怒られたりしたと思うんですよ彼女、呼び出されて。それからも色々あったと思うんですよ。そうなって来るとなおさら面白くなかったんでしょうね。それで最悪の仕返しをしたのが日本リーグの入れ替え戦の日に夜逃げして、居なくなっちゃったんですよ……。

入れ替え戦！　うわぁ大変だ……勿論その人はレギュラーですよね？

レギュラーもレギュラー、10人いるかいないかのチームですから。結局代わりがいなくて故障者とか最後はマネージャーまで出た気がします、選手がいないんですよ、とにかく最悪の事態でしたよ……。

試合はどうなったんですか？

負けました。それで、そのまま実業団に落ちました。あとはずーっと一年間ね、落ちちゃうとほんとにあの「なんだこりゃ？」ってくらいドサ周りなんですよね。土曜日試合してバスで移動して日曜日は別の町でやるとかね。新幹線とか電車に乗るとかそういうのじゃなくなるんですよね。

へぇ、もう扱いが変わっちゃう……。

もう全然変わってきますから、結局自分たちは実業団でも上の方にいるけども、下はもうほんとに大したチームじゃないじゃないですか。だから試合でチームが強くなるっていうことはもうないわけですよね、自分たちより弱いチームとやってるわけだから。

なるほど。

で、また頑張って一年後にその入れ替え戦をやらなきゃいけないんですよね。そこまで、その入れ替え戦まではランキングに関する試合はないから、もう下って決まっちゃうと……。

その一年間は……。

ドサ周り……なんですよ。

ところでその夜逃げした先輩はその後どうなっちゃったんですか?

辞めましたよ、そのまま。でも、このことはわたしの中で本当にショックでした。今でも忘れられない事件ですよね。

姫路の紅白試合

それでもそのあと18歳で初めて全日本に選抜されたりして、一回入ってるからこのままいけば1972年のオリンピックにわたしは選ばれるかも知れないっていう状態だったんですよね。で、そんなある日姫路で紅白試合をすることになって、姫路は白井監督の地元なんですよね。で、電車で倉敷から姫路までなんですがわたしは前の日から風邪で調子が悪くて、節々が痛くて。でも熱が出ない風邪なんですよわたしの場合は。免疫力が落ちてるから風邪ひくんですけど、年に何回も風邪をひく体質で、要するに虚弱体質、体大きいというだけのことで体力も気力もないし栄養状態も良くなかったんでしょうね。

うーん。

でも、熱が出ないから厄介なんですよ。熱があったら休めるんですけども、お前何度あるんだって言われても体が冷えてるから36度無いぐらいなんですよね。

風邪なのに?

結局免疫が下がっているから体が冷えてて熱がでない。じゃ熱が無かったらやれるじゃないかって言われる。今日調子が悪いから無理だと思うんですけどって言っても、お前が出なかったらどうにもならないじゃないかって監督に言われて。それと姉の嫁ぎ先が姫路だったんで母も姉も見に来るっていうことがあったんでまあ行くだけは行こうっていうことになって、いざ行くとアドレナリンが出るじゃないですか。母と姉の前でいいカッコしなきゃいけないみたいな。まあ、なんていうんですか……。

頑張ったんですね。

そう、頑張ったの。それで無理無理はじかれたボールを取りに行ったんですよね、そして転んで起き上がろうとしたところに同級生の子がどてっと転んで来たんですよ。それで左の橈骨っていうんですか肘の下のところが折れちゃった。

骨折ですか。

そのまま貧血を起こして倒れちゃって、みんなわたしが骨折したって思ってないから試合はやってるわけですよ、どこか遠いところで。「ビックなにやってんだ!」とか監督は怒ってるけど起き上がれなくて、気がついたら救急車の中だったんですよね。

休みの日だったから大きな病院はやってなくて、なんか町医者なのかなあまり大きくないところでレントゲン撮ったら「骨折してるね、でも一回折れてるけどポーンと戻ってうまく嵌ってるんだよな」みたいな感じで。ギプス嵌められて。4週間ぐらいかかるけどって言われて帰って来たんですよ。嫌だっていうのにやっちゃったからそうなっちゃったんだけど、そのあと次の日に朝起きたら手が腫れちゃって紫色になってて。っていうのは骨折以外に肘も捻挫してたらしいんですよ、でもそれが分からないでそのままギプスで固めちゃったもんだから、中で腫れて凄いことになって手がもう動かされない状態。それでも「左手の骨折なんだから右手でなんかできるだろう、走れるだろう」って言うんだけど、走れないんですよ余りの痛さで。

だって膨れ上がっちゃってるんでしょ？

分かってもらえないんですよ、こっちの痛さが。「お前練習がキライだからそういうこと言ってるんだ、外でゴミ拾いでもしとけ」とか言われて、ゴミ拾いしてたりとか……余りの激痛で寝れないぐらいの痛さが続きました。そんなんで4週間我慢して、倉敷の中央病院に行ってギプスを鋸で切るんですよね。で、鋸が体に当たって切れたり、その前に4週間お風呂に入れないから痒いし、掻けるところは掻くけども奥に定規入れたりして酷いことになって、パカって開けたらもう腕が半分になってて……。

えっ？　半分って……。

筋肉がなくなっちゃってるから……。

あ、そうか。筋肉が落ちて。

もう手がブラブラですよ、捻挫したまま入れてるから。鋸もうまく切れなくてもう傷だらけになってても、我慢我慢とか言われて。「チーッ」って切られて「痛い！」って言っても「あ？」とかって、しらばっくれられちゃって（笑）。

それで監督のところに行って「こんなになりました」って手がブラブラしてるから「なんだそれ？」ってなって、京都の石原先生っていう整骨で有名な先生のところに電話を入れたら「すぐ来い」って言われて、手荷物まとめて行ったら「三日遅れてたらお前の腕は使い物にならなくなってたよ」って言われて……そこからリハビリですよね、朝昼晩。要するに曲げることも伸ばすこともできない状態になっちゃって4週間固めちゃってるから、いやもう痛いの痛くないの涙ながらにリハビリを続けました。一か月近くいたのかな先生の家に居候させてもらって。

リハビリに専念したんですね。

ところが、そうこうしてるうちにまた実業団が始まったわけですよ。前に言った事情で実業団に落ちてるんですが実業団は6チームなんですよ。そして上の日本リーグも6チーム。それで順位争いをして実業団の一位と二位が上の日本リーグの五位と六位と入れ替え戦をするんですけど、わたしたちは実業団一位を奪って入れ替え戦に行こうと思ってるわけでしょ。

はい。

ところが4戦して4敗だったんですよ。で、あと残り6試合全部勝っても入れ替え戦まで上がれるかどうかわからないっていう状態で。それでわたしにお呼びがかかって。すぐ帰って来い、試合に出ろっていう事になったわけですよ。

えーっ、そんな状態で？　まだリハビリ中じゃないですか。

そう、練習も全然やってない。ずっと京都にいたわけですから。「えーっ！」って話になるじゃないですか。結局、腕がまだ戻ってないから、添え木して包帯して、それでレシーブしろっていうんですよ。相手のチームにも「こういう状態だから」って言って、それで冬でしょ日本リーグって、で手が使えないから痺れちゃってるわけじゃないですか。左手だけ手袋してもいいですかって許しをもらって、手袋と包帯で添え木をするという事で相手チームに承認してもらってやったんですけど。サーブレシーブはわたしのとこ全部狙って来るんですよ。出来ないから。そしたら「ボコッ」て音がするわけでしょ添え木してるから。それでドリブルを取られちゃうんですよ、反則だって。

おおー、ひどいなァ。

だからわたしのところに打てば反則になるから向こうは1点入るでしょ。こりゃマズイなってことになって、サーブレシーブしないでいい、セッターやれって（笑）。試合中に急に言われて。セッターなんかやったことあらへん……って感じだけど。なんだかんだあって、それでも勝ったんですよ、その試合。

勝った？　奇跡じゃないですか。

いや、それぐらいレベルの低い相手なんですよ、言っちゃ悪いけど。で、試合が終わったらわたし、トイレにも行けないくらいに筋肉痛を起こしてて。だけどそこを押し切って土日土日ってやって六試合全部勝ったんですよ。それで入れ替え戦に行けることになりました。

すごい！

最初の入れ替え戦は広島か山口だったんですね。で、2回目の入れ替え戦は東京だったんですよ、東京体育館でね。入れ替え戦っていうのはだいたい土曜日は午後から、日曜日はアサイチからやるんですよ。相手は東京サンヨーで、土曜日は負けたんですよ、わたしたち。フルセットで接戦で負けたんでそれで悔しくて眠れなくて、朝早くから起きちゃって「今日は何が何でも勝ちたい」って。ようするにフルセットまでやってるから、3－2で負けてるわけでしょう？　ってことは3－1以上で勝ったらこっちの勝ちなんですよ……分かります？

はい、はい。2日間の取ったセット数の合計で決まる……。

だから1セットは取られてもいいかも分かんないけど、それ以上は取られちゃ駄目。とにかく勝たなきゃいけないんだ、あきらめちゃいけない。「こんなんであきらめられない」ってみんなでもう凄い気持ちになってて。ビックも腕が痛いのにこんなに頑張ってるんだからみんなでガンバローッみたいな……。

盛り上がり。

それで後で聞いたことなんだけど東京サンヨーの人たちは1日目勝っちゃってるから気持ちの余裕っていうか、倉紡に勝った勝ったってドンちゃん騒ぎをしたらしいんですよ。

ドンチャン騒ぎって（笑）、まさか。

いやホントかどうか分かんないよ、聞いた話だから。でもそれで朝起きられなかったらしいんですよ。こっちは眠れもせずに朝からもう気が張り詰めてて、ご飯もそこそこに練習に飛び出してますから……その差はあったと思うんですよ。3－1で勝ちました。逆転で日本リーグに上がれたんですよ。

快進撃でしたね。

でもね、せっかく上がれた日本リーグではあまり勝てなくて……そうこうしているうちにわたしが全日本のヨーロッパ遠征かなんかに選ばれて行ったんですよね。

白井さんだけ？

わたしだけ……で、その遠征から帰ってみたら白井監督がクビになってたんですよ。ショックですよ。今ならわかるけど、そりゃ成績不振が続いたからしょうがないとかね。だけどわたし自身がまだ世の中のことを知らなくて、19歳だからね。

世界が自分を中心に回ってると思ってた頃ですしね（笑）。

そう。そしてまたうがった言い方かも知れないけど「わたしあってのチームじゃないか」みたいな気持ち、強かったんですよね。じっさい全日本に入ってるのわたししかいなかったしね。

うん。

倉紡時代。孤独な日々。大原美術館にて。

だからちょっと言葉には出さないんだけど「何やってんだよ、わたしに何の相談もなしになんで監督が変わっちゃうんだよ」っていう。わたしは監督に憧れて倉紡に入って来たのに、その監督がいなくなったことを後から結果だけ聞かされたという、その……。

疎外感。

そういう言葉になるのかな、でもものすごくショックでした。でもそれと同時にわたしの中に湧き上がったのは「それならわたしもやめようか」っていう気持ち。「やめたい気持ち」っていうのはずっとあったし、どこかでその理由っていうかキッカケを探していたところもあって。だけど自分のためだからやめるなんて絶対に言えないし、チームがどうにもならないうちに途中でやめるなんていうのもイヤだったし、それでもオリンピックにはどうしても行きたいから、ここに居てていいのかなっていう気持ちとかもあるし、初めバレーをやるときに「石の上にも3年」なんて言われて、その3年は過ぎたんだけど体壊すし怪我も絶えないし……こんなんでわたし終わっちゃうのかなっていう気持ち……。

そこに頼りの白井監督の解任。

うん。だからプッツリ切れちゃったんですね。わたしもやめよう、もう限界だなって。それでまあその旨を会社の人に言ってそのまま家に帰っちゃったんです、「わたしやめます」って（笑）。

やっぱ凄いわ（笑）。

ミュンヘンへの道

でも、やめるっていっても手続き的な問題はいろいろあったんでしょ？

そういうことを一切考えないでとにかく真っ白になって帰りました。でも家に帰ったら、そこに小島監督が来たんですよ、ユニチカの。もうミュンヘンに行くのは小島さんって決まっていたんですよね。オリンピックの前っていうか世界選手権の監督を決めるときにはその1年前にナンバーワンだったところの監督がやるんですよ。

なるほどね。

それでまあその時はユニチカがトップだったんで小島さんが監督ということで。それで全日本は20人くらい、わたしが18の時には20人くらいメンバーがいて、それをこうちょっとずつ減らしていくでしょ大会ごとに二人ずつくらい……18、16、14って減っていくわけですよ。それで最後12人になるんですよね。

まさに椅子取りゲームですね

まあそれで小島監督がわたしの家に来て言った言葉が「ビック、バレーはいつでもやめられるよ。オリンピック終わった後でやめても遅くないんじゃないか？」って言われたんですよ。で、わたしが瞬間に思ったのは「えっ？……ってことは12人のメンバーに残って連れて行ってもらえるってこと？」それで一回消えそうだったロウソクの火がまたともったっていうか、一気にワッと

火がついた

だって子供の時からの夢のオリンピックに行けるって。レギュラーではないんだろうけど連れて行ってもらえるっていうことでしょ。しかも補欠だから、先輩たちが頑張ってくれて漁夫の利で金メダルがもらえる。それでやめられる……ってすばやく計算して（笑）。

計算高い（笑）。

だって誰でもそう考えるんじゃない？

ちょっと前に話し戻しますけど、その倉紡をやめるって時に「自分が限界なんだ」っていうのを言えないところに白井監督が辞めさせられちゃうっていうタイミングが絶妙ですよね。

そうそうそう。わたしが辞める理由がこれだっていう……。

で、そこで電撃的にポーンと辞めて家に帰ったらそこに小島監督が待ってるっていうのは、これはもうあまりにも出来過ぎてるって思うんですけど。

そうですよね。でもわたしの人生は往々にしてそういうことが起こるんです。良い事と悪い事が同時に来るっていうのがあるんですよ。

そうなんですか。でもその時本当にそういう受身な感じだったんですか？　だって変な言い方だけど、作為って言ったらアレだけど倉紡がやめられてユニチカに行けたらそれは最もいいコースだったんじゃないですか、誰が見ても。それでそのいいコースが棚からボタモチ的にころっと落ちて来たわけなんですか、本当に。

そう。

本当に落ちて来た。自分から働きかけることもなく。

うん、そうなんですよ。こっちは小島さんが家に来てくれたことにビックリしたんですよ。自分がそれほどのものだとは全く思ってないから。

へえー。

それでも一瞬後には「そんなに言ってくださるんなら」って（笑）。お調子もんだからね、わたしは。コロッと変われるから。

いやー、まいった（笑）。自分中心に回ってるじゃないですか（笑）。だけど倉紡はもうそのまま戻ることもなかったんですか？　ポーンと出ちゃったっていっても宿舎の荷物を運び出す事とかは？

結局まあ退社手続きはまだしてないですよね、籍は残ってますよ。その時点ではただもう嫌だからやめますっていうだけなんだから。嫌だからっていうより居場所がなくなったからっていうのが本当ですよね。

監督が、白井監督がいろんな意味で繋ぎとめてたんですかね？

何ていうのかな。白井監督がそこにいた場合、「監督対自分」っていう形で自分の居場所がそこにあったんだけれども。そこに新しい監督が来ますよね、実際問題として。その新しい監督には申し訳ないけど、あのー納得いかないいんでやめますって言った覚えがありますね。

反応はどうだったんですか？

うん、まさか辞めるなんて思ってないでしょうね、皆さん。こっちは自分の中で辞めたいってずっと思っていたわけだから、急に発作的に辞めたくなったわけじゃないから、辞める理由を一年くらいずっと考えてたわけだから。

なるほどね。

だからこれが辞める理由だって自分の中でパッと。

思っちゃったらスピードが速いってわけだ。

速い速い、みんなビックリコックリですよ。これって要するにあのー会社もそうだけど辞める辞めるっていう人は辞めないんですよ、辞められないって分かってるから。そして離婚する離婚するっていう人は離婚しないんですよ。

なかなか出来ないですよね。

わたしなんか2回目の別れる時なんてみんな「えーっ」て言いましたからね。わたし旦那の悪口一回も誰にも言った覚えがない。だけど旦那の悪口をもう年がら年中言ってる人は離婚しない。そんなグチュグチュしてんならやめりゃいいじゃんって周りが思っても別れない。だからわたし離婚したときにみんなびっくりして「え、何が起きたの?」って。「いえいえもう何も」って。ただ常々機会があればね、離婚したいと思ってたんだけれども、その機会が来たんで別れたんだ。「だってあんなに仲良しだったのに」「ええ、それは。別れるまでは仲良くしてましたよ。怖いよねわたしは……」って言ったの覚えてる。

うーん。

だから絶対に言わないんです。誰にも相談しないんですよ、わたしは。覚悟しててバシッと答えを出すんです。だからやっぱし人の悪口は聞きづらいんですよ。旦那の悪口言ったり、姑の悪口、会社の悪口。だってあなたが選んだ道でしょって。誰のせいにもできないじゃないですか。まえ言ったかも知れないけど「自分が選んだ道だ、愚痴は言うまい」っていう標語ね。わたしは人生ずっとそれで来てますから。あのー選べないんですよね人生って。親も選べないし、子供も選べないし、兄弟も選べないじゃないですか。でも結婚相手だけは選べるんですよ。職業も選べるんですよ。そこしか受からなかったっていうこととか、家の事情で継がなきゃいけないとかもあるかもわからないけども最終的には自分が選ぶんだと思うのね。結婚だって見合いだとか親の決めた縁談とか昔はいろいろあってね、今だってあるんでしょうけども、それでイヤイヤ結婚するかもわからないけども、でも最終的に嫌だったら嫌なんですよ。逆にその人と結婚したいと思っても結婚できないことだってあるわけだからね。でも本当に選ぼうと思ったら選べるじゃない？　だけど親は選べないよね、子供も選べないよね。それとあと、上司も選べないですよ。隣の部署の上司をみて「あの人ならいいのに何でわたしにはこんな上司なんだろう」って思うわけなんだけどそれはどうしようもない。あとそれから下につく部下、後輩。これも選べませんよね。ちょっとうがった言い方かもわかんないけどわたしは「先輩は後輩を裏切らないけど後輩は先輩を裏切る」って思ってる。だって先輩は後輩が自分のところに来てくれたらどんな後輩でも可愛いと思うけど、後輩は先輩がどうしようもなかったらいいときにはつくけど駄目なときはやっぱ離れていきますよ。

人間関係をどっちが切るかって話じゃないんですか。

だから公平じゃないのよ。先輩は自分についてくれた人をむげに切ることはできないの。後輩はついていけそうもないって思ったり、こっちの方が自分は都合がいいなって思ったらそっちに行くんですよ。

行きたいけど行けないみたいのもあるんじゃないですか？

いやそういう義理みたいなことを考える前に人間はそういうふうに行動するんだよね。わたしが見た限りの理論はそうなっているの。

うーん。

そういうときにはさ、先輩は後輩のことを裏切らないんですよ（笑）。だから先輩を脅かして言うのよ「先輩は後輩の言うことは聞いてくれるんだよね」って。それから「でもね、後輩は先輩を裏切ることあるからね」って言うのよ、先輩にね。

脅しじゃないですか（笑）。

でもまあこんな言い合いしてもわたしはものすごく先輩に可愛がられた。なんだらかんだら言ってもね。逆にそういうふうにずけずけ言うからかも知れないけど、可愛がってくれる先輩には恵まれたと思いますね。

きわどい登山ルートですね（笑）。

まあこういう人生を歩む人ってそんなにいないから……。そして色んなハードルをいっぱい越えていくうちにその都度強くなるんですよ、筋肉と一緒でね。傷ついて傷ついて、そこでもう駄目だって思うんじゃなくて、なんとかしなきゃって。何ていうんですかね、結構しぶとかったよね、わたしって。

前回、筋肉をいじめることは喜びだっておっしゃってましたよね。

ふふふ（笑）。いや本当は嫌なんですよ。嫌だけどもうわたしの人生の中で起こる事っていうのはそれはそれで全て真摯に受け止めなくてはならないわけで。これは誰のものでもないわたしの人生だから、わたしを中心に起きてる事だから。わたしが悪さするしない関係なしで、いろんな意味で受け止めなかったらどうしたって前に進まないんですよ。この本に書いていいのかわかんないけどあの20歳のときのオリンピックが終わって帰ったあとはもう自殺することしか考えてなかったんですよ。

えぇーホントですか？

だから一人で考えなきゃいけないから究極まで行くんですよ。とはいってもどうしたって自分を否定できないからね。だってさ、わたしがやって行くしかないわけでしょ？　えーと、さっきどこまで話したんだっけ？

小島さんにオリンピックに行こうと誘われたところ。

ああそうね。小島さんが言ってくれたんだからオリンピックまでは頑張ろうっていう、まあ体面は保たれたっていう感じなんだけど、気持ち的にはどこか消極的なままだったんですよね。それでまあ1年間、いや1年もいなかったと思うけど合宿所に入ってみんなと練習をやるようになったんですよ。まあそこはね、わたしも19歳ですしね、甘かったっていうかなんていうか小島監督の真意がわからない。大人の世界の思惑なんて想像もつかないわけですよ。小島さんはなぜわたしを倉紡から拾ってくれたのか。それが目先のことではなくて4年後のオリンピックにあったたってこと。ミュンヘンには間に合わないけどモントリオールではエースになるように育てよう、まあ小島さんが育てるというよりバレーボール協会から指示されてたかも分かんないよね。白井貴子を一人前にしてくれって。だけどこっちはこれっぽっちも思ってない、もう終わってるからね。今オリンピックに行くことは運良く連れて行ってもらえるというだけであって、わたしが頑張って金を取るなんていうことはもうこれっぽっちも思っていないわけですよ。

えー、本当にそうだったんですか？

本当にそうだったんですよ。だから常に不平不満だったんですよ。オリンピックに出たらすぐやめる人間なのになぜこんなに練習をしなきゃいけないのかって。その疑問がズーッとそこにあるわけですよ。頑張るのは先輩たちであって、わたしはメンバーチェンジでちょこっと打ったりする程度で金メダルがもらえる。いまさら練習してどうなるんだって思ってるわけですよ。

プラス４年っていうのは全く視野になかった？

ナイナイナイ！　全然無いです。ただね……わたしは15の時に24で金メダルっていう予測はしていたんだよね。

ああ前に仰ってましたね、心の奥深くにあったっていうことですかね。

あったよ。あったんだけども、そんなもうどんな練習やってても倉紡にいる限りわたしはもうつぶされて終わりだって思ってるし、勝てないし……だからもう。

実際ズタズタになっちゃってたわけですもんね。

そういうこと、そういうこと。もう夢もチボーもないっていうやつですよ。若いから余計に嫌じゃないですか、この先時間が長いし。

なるほど。

八方ふさがりに近い状態で逃げ出したところに唯一ちょこっと出て来たのが小島先生が呼んでくれたっていう事だけであって。どっちにしたって倉紡には戻れないわけですから。

もうその一本橋を渡るしかない。

そう！　そしてなぜだか練習練習っていわれて、1m80のわたしが1m60の人と同じレシーブ力を付けろっていわれて。

ああ前に言ってましたね、それがこの時か……。

そう。だからそこで「じゃあ1m60の人が1m80の人と同じようにアタック打てんのか？」ってなったわけ。

ウン、不公平ですよね。

不公平っていうか、役割がちがう。なに考えてるんだろうって思ったし、その前にそもそも試合に出ないわたしたちが何でこんなに一生懸命に練習する必要があるのって思うじゃないですか、ふつうは。

はい。

ふつうはレギュラーの練習が中心でしょ？

はいはい。

じゃ、なんでわたしたちばかりが練習なの？　って思いますよね。そこら辺が団体スポーツの矛盾なんですよね。結局、ミュンヘンの時っていうのは一番年上がもう28で、その下27、26、25ぐらいがレギュラーなんですよ。だから技術的なものはすごいけど体力的なものはあまりないよね。そうすると練習時間を消化するためには、ある程度そのなんていうんですかね下級生も育てなきゃいけないっていうのもあるだろうけど、まあわたしが思ったのは巧いからレギュラーじゃないですか、みなさんは。

うん。

で、わたしたちは下手だから補欠でしょ？　それなのにあのなんていうんですかね、まあ年齢がいってる人たちは「３人レシーブ」ってあるんですよね。３人レシーブっていうのは全部で12人いるから４つ出来るわけですよ、レギュラーの１部２部、補欠の１部２部って。だからわたしは４番目なんですよね。じょうずから行くとヘタの最後になるわけですよ。だから４番目にやるんですけど、その前の１番目２番目のじょうずな人にはじょうずなのにちょっと頑張ったら取れるくらいのボールを打つわけですよ。ところがわたしたちの時はヘタなのに、絶対取れないボールを打って来るわけですよ。これって凄い矛盾じゃないですか？

理不尽。

そう、理不尽理不尽。でも監督とコーチがやってることだからわたしたちはそんなことを……ねぇ。

口ごたえっていうか。

出来ないですよ。でも心の中ではいつでも辞めてやるって思ってるわたしだから。一回死んでる人間だっていう意識があるからどこかでいつも反抗的な態度を取るわけなんですよ。だから練習をやってても「お前みたいな選手は初めてだ」みたいなこと言われて、結局小島さんとしてももう手に余ってるわけですよ、わたしのこと。自分のチームじゃないし、ヤシカと日立とユニチカで出来てるチームでしょ。倉紡ではわたしだけ、先輩もいない。一人で来てるんだから。

一匹狼。

一匹狼だから。先輩から怒ってもらうっていう形もないわけでしょ。一番下級生なのに怒る人がいない。監督がダイレクトアタック（笑）。だからもう手に余っちゃってるわけですよ。わたしのほうはもう毎日猛然といつでも辞めてやるっていきまいてるし、そりゃもう険悪な空気でしたね。でもほらみんなも練習はやりたくないわけだからわたしが反発してるとマァ練習はそれだけ短くなるわけですよ。

なるほど。

そんなんでね、ある時その３人レシーブをやってて「態度が悪い」って「全然ダメだっ」って怒られて、でまあ四隅のほうで次の自分の番が来るまでこう呼吸整えてたんだけど。四隅ったって狭いコートだから監督は見てんですよ、わたしの態度を。それで「これぐらいの練習で息あがってんじゃない、バカヤロウ！」って言い出して「ワンマンレシーブ入れ！」って言われて……。

ワンマンレシーブ？

野球で言ったらノックですよ。それでも最初のうちはまだ体力があるからまあ何とかなる。「ムカツクー」とか思いながらやってまた四隅で息吸ってたら。「オマエ俺の言ってることが分からんのか、もう一回入れ！」ってまた入れられてわーってやられて、そうやって何回もやられているうちにもうキレたんですよ、わたし。もう、プッチーンって。もうやりたくなーいってコートの真ん中に突っ立ってたんですよ。ボールがポンポンポンポンきても……。

無視してた。

それでも先生はポンポンポンポン打って来るんですよ。で、わたし頭だけは危ないから守るんだけど首から下は鍛えてるからボールがぶつかってきてもそう痛くないいんですよ。逃げりゃいいし。頭だけはこうやって、体にはもう当たってもおかまいなし。そしてそのうち監督のほうもキレちゃって「オマエなにやってんだ！」っていうからわたしも見りゃわかるんだから「べつに」って言ったんですよ。そしたら「そのべつにってなんじゃあー」ってまた怒られて。だって何も考えてないから別にでしょ、ホントに。まあ丁寧に「別に何も考えておりません」って言えば良かったのかも知れないけどもういい加減答えんのもアホ臭いんだから「ベツニー」ってね

ふて腐れた。

ふて腐れたんだよね、コートの真ん中で。そうして2時間ぐらい立ってたような気がするんですよ。そしたら小島さんは「いつまでもそうやって立ってろ立ってろ」みたいなこと言ってて、わたしも練習したくないしコートの上にズーッと立ってて。で、コーチとかマネージャーとかキャプテンとかいろんな人が「もうビック、謝って練習しようよ」とか言うんですよ、みんな。でもわたしも意地ですから「自分は悪いと思わないから謝る理由はない」「もう練習はしたくない」って（笑）。

強者だ。

それは5月くらいだったんですよね。午後錬から始まってるから夕方ぐらいになってますからもう寒いじゃないですか。空調が入っているような体育館じゃないし、先生も「もうコイツはどうにもなんない」って思ったんでしょ。「もう今日は練習終わりだ」って言って……もうみんな嬉しいよね、練習したくないんだから。それでみんなホッとしてお風呂に行こうっていうことで、そのお風呂っていうのはユニチカも倉紡と一緒で紡績会社ですから女工さんと一緒の大きいお風呂なんですよ。それでその日はみんなで一緒に入って、まあ何人かに誉められましたよ、ようやったようやったって（笑）。

なるほど、もしかしたら白井さんはみんなを代表して大変なお役目をこなしたのかも知れませ

んね。

休みたいからね、みんなも。でも言えないし。わたしがやりゃあまあ問題ないんですよ、怒られ役になればいいわけだし。

持ちつ持たれつってことですね。

怒濤のミュンヘンオリンピック

それでもオリンピックに連れて行ってはもらったんですよ。でもその前に、その何週間か前にやっぱ練習が厳しくて、わたしレシーブしてて肘から落ちちゃったんですよ。肘を床に強打して、もう目から火が出るじゃないけどとにかく痛くてもう辛かったんだけども我慢してやってたの練習を。それで練習が終わってからあまりの痛さに「ちょっと病院に行かしてください」って。もう右肘は相当腫れて来て、これはちょっと普通の痛さと違うなって思って。だいたいあの時代はキャプテンに言ってキャプテンが湿布しとけばいいってなったらそれは湿布って決まる時代で。でそれがキャプテンの手に負えないことだったらコーチに話を上げるんですよ。でコーチが見て「ああマアいいやこんなの」って言ったらそれで終わり。それでコーチが分かんなかったらようやく監督。で監督が見て「病院に行け」ってことになったら行ける。だけどその時はキャプテンの時点で「こんなのもう次の日に治ってるから」って言われて。それで冷やして寝たら次の日の朝はもう肘のところが5センチ以上の血豆ですよね、内出血がばーっと広がってて。腕が上がらなくなってたんですよ。

だいたいそのころのわたしの状態っていうのは、もう蕁麻疹は毎日出るし、練習前に鼻血は出るし……こういうの全部ストレスですよね、要するに。練習やりたくないストレス。でも実は蕁麻疹はなくなったんですよ。精神の興奮を抑えるような注射を打ったらね、蕁麻疹はなくなったんですけども練習は出来ないんですよ。精神が治まっちゃってるから。

ファイトが湧かないっていう……。

眠いんです。ブロック練習で跳んだ空中で寝るんじゃないかって（笑）。それと鼻血は相変わらずモノスゴイんですよ。体育館が真っ赤になるからみんな拭くのが大変で。寝て次の朝起きると枕が真っ赤になるくらいもう粘膜が弱っちゃって。で監督に「おまえ本当に練習嫌いなんだな」って感心されるくらい。それでそんな状態の中で、もうオリンピックに出発しようっていう間際になってこんどは腕が上がらない。箸が持てない、洗濯も出来ない。ストレスなのか、ぶつけた事の影響なのか、なんだか良く分からないまま腕は動かないんですよ。それで監督は「おまえは練習が嫌いだから。精神的にもうやりたくないって思うから、体が云う事を聞かないんだ」って言って、もうだから分かった、おまえはオリンピックには連れて行くけれども選手としてはもう使わない。11人で戦う、って言われたの。

うわー。

うん、でもしょうがないですよね。わたしの問題じゃないんだから。怪我をしたのはわたしかも分かんないけど、腕が動かなくなったのはわたしの問題じゃない。だって病院に行きたいって言ったんだからね。でもそんなことを言ってみたってしょうがない。とにかく連れて行ってもらえるんだから良しとしようって思って。それでオリンピックに行けたんですけど、でもそこから先ずっと練習してないんですよね。何週間も玉拾いでズーッと行ってそれでもう何日もかかって、でやっぱりまたあのー石原先生のところに通ったり……。

石原先生っていうのは。

京都の。あのー前に固定した時に行った先生。でその先生がわたしたちのオリンピックのその専門医として付いて行く人だったんですよ。でその前に、行く前にも先生のところに行って調べてもらったんだけど、要するにどこも悪くないんだけどなァって……だけどダメなんですよ。背中をやって、腰もやって、首もいろいろやってみたんだけど、全然その腕が上がらない状態がずっと続くわけですよね。それで選手村に入ってからもずっと診て貰ったんだけどダメで、そのまま大会が始まって……ということでわたしはずっと練習もしていないし玉拾いだけをやってて、それで運命のテロ事件が起きるわけですよ。テロ事件があったということでヤシカの岩原さんから要するにまあ1日そのオリンピックの決勝戦はやれないって話だったんですよ。オリンピックそのものを中止しましょうっていう話もあったらしいんですけども、でもまだ団体スポーツは決勝戦が残ってましたからね。でもとにかく1日黙祷ということがあって、それで1日ずらしてやるということがわかって……まあそこらへんの前後関係はあまり詳しく覚えてないんだけども、ただその時にヤシカの岩原さんが言ってくれたのが「ビックはまだ20歳だし、これからの生活のほうが長いんだから、バレーをやるにしろやめて何か生活をしていくにしろ身体を治さなきゃいけないよ」っていう言葉。それでよく診てもらっている黒田先生っていうドクターが選手村にいらっしゃって診てやるって仰ってるからって……西洋医学のお医者さんなんだけど鍼の免許も持っていらっしゃると……。

鍼治療ですか？

でもその当時鍼治療はいけなかったんですよ。たまたま誰かが鍼をやった時に鍼が中に残って筋肉をつぶしちゃったっていう話があって、そんなんで鍼は危ないとか怖いとかっていうことだったらしいんだけど、わたしとしては試合にも出ないんだし引退するつもりだし、これで治るっていうんならそっちに賭けたいなっていう気持ちだったんで、「もしこの痛みが取れるんなら行きたいです」って言って。じゃあ行こうってことになったんだけど、監督たちに言ったら行かしてもらえないから夜中にコッソリ抜け出して行ったんですよ、男子の選手村に。

うまくいったんですか？

まあ話はついていたから早速打とうっていうことで、どこが悪いのって言われたから、肩が上がらないとかアレだコレだって言ってたら「ここ？　ここ？」ってな感じで全部で40箇所ぐらい、結局首から腰まで……。

へえー。

ふつうはポイントを絞って効果的に4，5箇所に打つらしいんだけど……「だいじょうぶ？」って訊かれたからわたしは選手生活なんて頭にないから「治ることに賭けたいからやってください」ってことで……それでやってもらって、次の日はもう練習に起きられなかったんですよ。熱が出て……。

40箇所ですからね。

バレーボール殿堂入りの日。リスカルさんと腕を組む。

その寝てた日っていうのが元々の予定の決勝戦の前日だったんですよ。それでその次の日は決勝戦の朝っていう事でまだだるい状態でしたけど練習に出たんですよ。そしたらその午前中に補欠の選手だけ集められて監督に「今日決勝戦の日だけども、1日延びた」って言われたんですよ。「えええっ！」ですよね。「だからレギュラーに言うんじゃないよ」ってその後で言われたの。

レギュラーに言うな、と？

おかしな話なんですよね、わたしたちは戦わないんだから。レギュラーこそ知っとかなきゃいけないのに何で知らされないんだろうって。だいたいまったくみんな調子が良かったんですよ、午前中の練習は。それで午後からもうホラ、なんていうのかな、高めていくじゃないですか。夜は試合だと思っているから。わたしも4年後に経験して良くわかるんだけど、午前中に軽く練習して午後に上げていこう、みたいな。その気持ちを夜まで繋いでいこうっていうそういう大事な流れで……みんな調子良くて、それを見てるわたしは「うわーこの調子で明日まで持ってくれるかな」って思いながら練習を見てたのね。それでも午後の練習のどこかだったか、いつのタイミングだったか忘れましたけどだいぶ経ってから「決勝戦は今日じゃなくて明日?!」っていうのがレギュラーにわかったんですよ。みんな蒼白になるのが見ててわかるくらい「えーっ、いまさら！」「何で今なの？」みたいな……わたしも「ここへ来てこれかよ?」っていう。ちょっとこれは監督批判になっちゃうけども

「ちょっとこれはないかな」って思った。

「キイテネーヨ!」って話ですよね、普通なら。

だからもう監督がやることが全てなんですよ。今もそうかもわかんないけど……まあでもそういう経過があってね。

はい。

で、翌日が決勝戦ですよね。日ソ戦でも圧勝だったから、わたしはもう圧勝だと思ってね。まさか負けるなんて思わないで決勝戦に行きました。そしたら1セット目負けました。なんか知らない選手がいましたよ。今までいなかった選手がいたんですよ。隠し玉。メキシコの時もそうだったらしいですよ。リスカルさんなんか足を怪我して出られないっていう話だったけどちゃっかり出てましたしね。

へえ、そういうのがあるんですね。

こないだも先輩とそんな話しをしてたんですよ。プレオリンピックの時にはいなかった選手、その人がものすごく活躍してたの。名前忘れましたけど……それで、1セット目負けました。えーって思ってもうこりゃ応援しなきゃって思ったら2セット目は簡単に勝ったんですよ。そこで一安心したら3セット目はまた取られて。

接戦だったんですね。

そう、それとちょっとずつ出てるんですよ、わたし。肩が悪いはずなのになぜだか。何年か前にNHKがミュンヘンの決勝っていうんで全部を放送してくれてそれで分かったんですよ。1セット目は出てないですね、見てたときの気持ちは覚えています。予言者じゃないけど「負ける」って思った。ホントそのときまで「負ける」なんて考えたこともないのに、みんなその青い顔をしてるわけですよ、選手が。それに比べてソ連の選手はもう生き生きしてるわけですよ。その時わたしは色んなことを考えていました。むこうはその、もう結婚して子供も生んでるママさんの選手もいっぱいいて、つわものですよね。メキシコでも金取ってるし……こっちはもう、なんかもう一生懸命に青春を賭けて来たけど、やっぱり女性なんですよ、ただの若い女性。それに比べてヤッパリ母ってのは強いんだなあ、迫力があるんだなあって、試合見ながらなんだかそんなことを考えていたのを覚えてますよ。

うーん、なんかちょっと押されまくってたんですね。

そうそうそう。もうどうしちゃったもんかっていうくらいに負けムードだったのに……それなのにわたし自身はものすごく調子が良かった、要するに張り治療から3日目で……もう治っちゃったんですよ、ホントに。嘘のように。鍼が体に合っちゃったていうのか、それか日数的に良くなる時期だったっていうのか良くわからないんですけど、とにかくその決勝戦の日にわたしの肩はもう嘘のようになんの痛みもなく、体全体が快晴でね。完璧に調子がいいんですよ。でも鍼治療をしたとは絶対に言えないでしょ？　説明がつかないわけですよね。もうおまえなんか役に立たないってことになってるわけだから。ともかくこのままじゃ分かってもらえない。

それでどうしたんですか？

そういう負けムードの中でわたしが思ったのは「もうこれでバレー人生終わりなんだ」っていうこと。もうここしかないって。そこでコーチの佐藤さん、四天王寺高校の監督だった佐藤さんを呼び出して、その小屋に。

小屋？

小屋っていうのかな、ミュンヘンの時はその、両サイドに小屋っていうのか、屋内に屋根付きの場所があったんですよ。練習はそこでやんなさいっていうそういう場所が。たぶん音の問題なのかな、バンバンバンバン音がするとうるさいからじゃないんですか。窓があってそこから試合の様子を見ることも出来るんですよ。なんかドイツ人は考えることが違うなーって感心してたんですけどね。そんなの今まで見たことがないって、その後も見たことがないからね（笑）……とにかく小屋ですよ、そこに佐藤先生に来てもらって……負けてるから佐藤先生も「なんじゃ⁉」って気が立ってるんだけど「先生、わたし朝起きたら奇跡が起きてるんですよ。肩が痛くないんですよ。試合に出してくださいよ。」って言ったんですよね。佐藤先生は「なに言ってんだよバカヤロウ。だけどまあ見てやるよ」って言ってくれたんでその小屋の中でバンバンバンって打ったら「オオーッ！　どうしたんだァ！」「いや奇跡が起きたんですッ！」「ヨシッ、俺が小島さんに言ってやる！」ってそのまま言ってくれたんですよ。

ドラマだー。

で、小島先生に言ってくれてるのをこっちのまどからずっと見てるんだけど小島さん動かない。そりゃ小島さんじゃなくても白井を試合に使ってくださいっていっても使わないよね。ずっと練習してないんだし、アリエナイじゃないですか。だから窓から見ててあこりゃダメだなァって思って、しょうがないからわたし小屋から出てベンチに座ったんですよ。

はい、そこらへんは映ってますね。

小島先生から一番離れたところに。先生とか言っても全然見てくれないし、無理だなーって思いながら一つずつ先生に近づいていって、やっと隣に行って「先生」って言ったら「バカヤローッ！ うるさい！ 負けてんだから応援しろ!!」とかって怒られて（笑）。

作戦失敗（笑）。

でもその時タイミングよく佐藤先生が「ビックは本当に調子良さそうだから一発使ってみたらどうですか？」って改めて言ってくれて。それで先生と目が合ったんですよね。で、先生も魔が差したっていうか「オウッ？」っていう感じですよね。

ヤルカ？ みたいな？

たしかにその日のエースの調子は良くなかったんですよ。彼女は今バックだから前衛に来たら1本だけ打たせてやる、ミスしたら終わりだぞ、って。言ってくれたんですよね。

うわー、こっちまで武者震いしますね。

そりゃもう夢に見たオリンピックの決勝戦ですよ。全世界にテレビ中継してる、遠く日本では親も見てる、そしてわたしはこれでバレーをやめる、これがわたしの花道だ……みたいな（笑）。

いいとこ見せなきゃ、って……。

そう、それでビャーッてウォーミングアップしてすぐに入ったんですよ。結局ミュンヘンの時って速攻バレーをやってたからエースがいなかったんですよね。で、オープントスを上げて、昔はワンタッチルールがあったじゃないですか、それでバーンと打ってワンタッチして返って来たボールをクイックで「ピッピッピッ」ってやって（笑）それでとにかく4セット目、勝ちました。みんな「ビック！ ビック！」ってどんどん上げてくれてね。

「ピッピッピッ」が良くわからないけどすごい（笑）。

まそれで4セット目が終わって、10分ぐらいタイムがあったんですよ。それで牛乳とかバナナとかを食べて、こう座ってたら監督から「5セット目おまえレギュラーで行くぞ」って言われて……それまでホラずっと助っ人気分だから気楽だったたじゃないですか、急に「おまえで行くぞ」って言われて……いきなし緊張（笑）。

柄にもなく（笑）。

そっから異常な緊張（笑）……肩に力が入って来るし……その時、バレーボール協会の前田豊会長が来てわたしの肩をね、こうポンポンして「白井君、肩の調子はどうだい？　フルセットになったけども5セット目頑張ってくれたまえ！」なんて言われちゃって……更に緊張（笑）。バレーボール協会の会長が前田豊さんだ位は知ってるけど直接口をきくなんてことは無かったですからね、向こうから話しかけられて肩揉んでくれて。わたしバナナをこうやって食べてたんですけど、もうのどを通らない。凄い緊張ですよ、「えーっ？　わたしの肩にかかってるんだー！」みたいな（笑）。

日本の運命が（笑）。

そう、ドシッと。初めて事の重大さを知ってもうガタガタガタって……それまで人生一回も緊張なんて事はなかったのに。で、ソ連の選手もこの白井は打つのは打つけどレシーブは下手だ、サーブは狙われるわ、レシーブは狙われるわで。まーやっぱ、自分は自信がないから狙われるって思うんですよね、それが相手にも伝わるんですよ。それでそん時ホント思った「ああもっと練習しとけば良かったー」（笑）。

遅かりし（笑）。

でもそれでも10点……10何点かな……負けたセットもそれでも全部11点なんですよ。それで10対11で負けてる時にある選手がサーブを打ったら、わたしその時バックだったんですけど、ネットを越せなかったんですよ。サーブってのはネットを越してアウトになる分にはまだミスしてもいいんだけど、つまりアウトでも向こうが取るかもわかんないじゃないですか。でもネットかかったら昔はそれでダメ、今はネットかかってもいいけど。まあそのとき大事な瞬間でネットまで行かなかった。後から聞いたら観客がキャーキャーピーピー言ってたから、で緊張の極致ですから、そのキャーキャーが笛だと思ったらしいんですよ、ピーッて。で早く打たなきゃいけないと思ってあわてて打ったんですって。自分はバレー人生の中でサーブはダブったことが無いのに生まれて初めてダブったのがオリンピックの決勝戦のフルセットの10対11だったっていう……。

なんともはや。

だから勝つべくして勝つ、負けるべくして負けるって言うけど、本当にそういうことってあるんだなァって今でも思うんですよね。確かに10対11っていうのは微妙な点数なんだけど、でも一点差ですから、昔のバレーですからやりようによっちゃ逆転だってぜんぜんアリなわけですよ。でもそこからズズズズッと取られて終わった……アッという間に。

ウーン残念。

イヤーもうわたしもガクッと。でもそんときコートの上で思ったのは……決勝まで行くのは大変だ

1972年。ミュンヘンから疲労困憊の帰朝報告。

し、そこで戦って決着はつくんだけども、これってバレーの神様が空の上から「オツカレー！　どっちが勝っても今までガンバッタ分はガンバレヨー！」って言って何か塩かコショーかをパーッと掛けてくれるんだと思うの、試合前に。それがみんなにもコートにもかかるんだけど、その塩の粒が一粒多いか少ないか、そのくらいの差で金メダルか銀メダルになるかなんだな……そんなふうに思ったんですよ。みんな手を打ち尽くして頑張ってるわけなんだけどもそれでも負け、2時間半がアッという間という感じでしたよね……。

でも白井さんが出たことで大接戦にもつれ込んだわけでしょ、勝った可能性も十分ありますよね。その塩の粒って白井さんなのかな。ぜんぜん相手にされていないミソッカスが40箇所の鍼でグオーッてなって最後は会長さんに肩揉まれて……。

イヤーその辺はわかんないですけどね。でも不思議なのは、わたしはその日引退なのに、その日からわたしは世の中的には「白井貴子、新星あらわる！」みたいになっちゃったんだよね。

そうかー、逆にね。

お酒でへろへろ事件

それがね、マァそうやって女子バレーは負けて終わっちゃったんだけど、男子のほうの決勝がその翌日に控えてたんですよね。結果は金メダルですよね。それで後から聞いたところでは男子は女子の応援に来てくれようと思ってたらしいんですよね。だけど自分らも次の日は決勝だからっていうんでテレビ見ながら応援してたんだよって……それっていうのも先輩達とはオリンピックの前からの約束があったんですよ。勝っても負けてもミュンヘンはビールの本場だから、町に繰り出してあのヒールみたいなジョッキでみんなでビール飲もう、乾杯しようって約束してたのね。実はみんな飲めないんですよ、下戸で。だけど絶対にやろうって約束だったんですよ。それで、女子は負けて男子は優勝じゃないですか。それで選手村の食堂に行っても先輩たちももうみんな居ないし、みんな個室だからわからないし、わたしたち下級生たちだけでフラフラ歩いてたの。「今日のビール、無いみたいだねー」なんて言いながら。そしたら向こうから森田さんと横田さんが来て、「ここで何してんだー」みたいな感じで言うから「ビール飲ましてもらえるって話だったけど先輩たちももう外に出ないしわたしたちだけでフラフラしてんです」って言ったら「じゃあ俺たちの部屋で飲もうよ、作ってやるよ」っていうんで部屋までついて行ったんですよ。

のこのこと……。

はい。それで、最初コークハイですよ。甘いやつ。コーラにちょこっとね、ウィスキー垂らして。カンパーイって言うんでぐっと飲んで。それからいろいろ話になって「おまえたちもよく頑張ったなー。応援行けなかったけどテレビで見てたんだぞ、白井もよくやったよ」とか言ってくれて。またグッと飲んで、ヨシ、もう一杯……みたいな。でもわたしそれ初めてのお酒だったんですよ。

マジですか。

それで腰が抜けちゃったんですよ（笑）。だって美味しいじゃないですか、スイスイ飲んでる分には……でも途中からウィスキーが無くなっちゃったとかでジンか何か入れたんですよね。あれ甘いから飲めるじゃないですか。

飲める飲める。

で、もうほら引退だし、試合もないし、もう開放感でね。

はいはいはい。

で、そこに女子は3人居たんですよ。わたしと先輩たちと。それが一人抜け二人抜けで最後わたし一人しか居なくて「アレ？」と思ったんだけど、でも腰抜けちゃってるし……でアノー、もうトイレに行きたくてしょうがなくて……。

そりゃピンチだ。

腰抜けちゃってるから、ホントそれこそ……連れてってもらう……。

トイレに運んでもらったってこと？　抱っこして……。

まあ、お恥ずかしい話だけど……。それが森田さんだったらしくあとからオレだったんだよって言うんだけど……猫さんだったんじゃないかとわたしは思ってんだけどちょっと記憶は曖昧です。ただその後すぐ松平さんが帰って来たんですよ。それで「隠せーっ！」ってなったんでしょうね。でもわたしは腰抜けちゃってるから、誰か背負って連れて行かなきゃいけないってなったんだけど。ヨタさん（横田さん）は腰が悪くて「オレはできない……」みたいな……で、森田さんが「オレがおぶっていくしかないか」って言ったら、塩川さんっていう先輩が一緒に行こうっていうことで両脇持ってもらってそれで行くんだけどもうみんな疲れて汗かいて、もうみんなヘロヘロの状態で（笑）。それと男女の選手村ってものすごく遠かったんですよ。車も通れる広い地下道でつながってるんだけど、とにかくものすごく遠いんですよ。それでその地下道でわたしをおぶってヘロヘロになって往生してたら、たまたまそこに日本大使館の車が通りかかったんですよ。「フラフラされてますがどうされたんですかー？」って訊かれたんで、とっさに「貧血で倒れちゃって」（笑）……。

バレバレじゃないですか（笑）。

もうわかってんですよ、お酒の匂いはプンプンしてるしね、酔っ払ってフラフラだってのは一目でわかる。とにかく天の助けでその車に乗っけてもらって女子の選手村に直行ですよ。あのテロの直後ですからね、もう何メートル間隔に実弾持った人が立ってるわけですからね。そういう物々しい中を選手村に着くと守衛さんとかは日本の女子が負けて男子が勝ったっていうことは知ってて、わたしのことも毎日練習したり出入りしてるから皆さんよく覚えてるわけですよ。頑張ったけど負けたんだよなー、それで酔いつぶれたんだなーっていうことで。女子の選手村っていうのは男子は絶対には入れないんだけども森田さんたちはわたしを運び込むのに特別に入ってもいいっていうことになって。森田さんも「女子の選手村に生まれてはじめて入ったー」って喜んで、部屋まで来てベッドにわたしを乗っけて「明日は帰国なんだからちゃんと起きて来るんだぞ」って言って帰っていったんだけど。それでわたしは熟睡、爆睡ですよ。気がついたら誰かが呼びに来てもうバスが待ってるよって、わたし一人だけ来てないからって呼びに来たんだけど、まったく何の用意もしていないんですよ。

そりゃまずいじゃないですか？

だからもうそこら辺の物をかき集めてみんな待ってるところにバァーッて走っていって、怒られるかと思ったら松平さんが「酒臭いよォーなぁ」って、しょうがないよなァって感じだったから。

ちょっとホッとしましたね。

そうね、女子は負けたからちょっと優しかったのね。それで空港に着いた時に松平さんから「次はおまえの時代だよ」って言われたんだよね。

松平さんから、期待の一言……。

うん。だけどわたしはもうやめるって思ってるから……どう返事したかは覚えてないんだけど。まあ「ありがとうございます」くらいは言ったのかなァ。そんな感じでそこは切り抜けて……それから飛行機に乗ったら、そこに日本の新聞があったのを小島さんが見て「おい白井、これ見てみろ」「どうしたんですか？」そしたら1面の大見出しにでかでかと「白井貴子、日立に移籍」って出てたんですよ。これはわたし自身ビックリで、もう開いた口がふさがらない、狐につままれたような感じで呆然としてたら小島さんが「白井、これ本当なのか？」って言うから「何言ってんですか、わたし辞めるって言ったじゃないですか。なんでわたしが日立行かなきゃなんないの？」って凄い剣幕で言ったら「そうか、そうだよな」って首をかしげながら帰国したんですよ。

はあー。

それで羽田からそのまんま倉敷に行って、一応っていうか銀メダルですからね。倉敷の市長さんに表彰されて、まあ男子の南さんが倉敷だったんです……水島にいて、あの倉敷市水島だから同じ金銀だからってご挨拶して。それから倉紡に向かったんですよ。みんなお出迎えをしてくれるわけじゃないですか、銀メダル取ったんだ、頑張ったよねっていうことで。で、体育館のあの台の上、ピアノとか置いておるところあるじゃないですか。

うんうん、高いとこね。演壇……かな？

そうそうそう。あそこに立って、もうみんな工場の人たちもみんなで「おめでとうー」って言ってくれて、花束もらったりして。そんなところで「辞めて帰ります」なんて言えないじゃないですか。だからもう「皆さん、応援ありがとうございました。これからも頑張ります」って言うしかないでしょう？

そういう場所ですからねえ。

そういう場所だから！　口ではそういうしかなかったですよ……だけど本当に終わってるからね、その日そのまま荷物まとめて帰ったんですよ。「ありがとうございました」って頭を下げて。

完全撤収ですか？　それから行ってない？

行ってないですね。まあ、手続きは後から、したと思うんですけども。そうやって辞めたのは9月頃で、手続きが終わったのは次の年の1月ぐらい。年金手帳を見るとそうなってますね。もう無理だろうって思ったんでしょうね、これ以上引き止められないって思ったから退社させてくれたんですよね。

ウンウンウン、そのくだりって前回ね。常務のところに挨拶に行った処につながるんですね。

それはまだ先ですけどね。まあともかく終わったんですよ。倉紡を辞め、バレーボールをやめたんですよ。

いろいろ残しつつ……っていうわけですね。

2回目の引退

2回目の引退っていうのは今度はは24歳の時ですよ。モントリオールの決勝戦が終わって「あー、終わったー」っていうところで山田監督に呼ばれて「今後どうするんだ？」って訊かれて、わたしはホラ、もう金とったら辞めるつもりでいたしね、体もぼろぼろに壊してたから、もうこれ以上できない状態で……そこに「どうすんだ」って言われたんで「もう引退させていただきます」って言ったんですよ。

そのタイミングって、まだモントリオールにいた時ですか？

そうです、そうです。決勝戦が終わった直後ですね。監督の部屋に呼ばれて「どうすんだ」って言われて「もうわたしの役目は終わったと思うんで辞めさせてもらいます」って言ったら「でも、もうちょっと続けてもらえないかな？」「いやこれ以上やっても体はガタガタだし、金メダル取るのが目的だったし、もう余力はありません！」っていうそんな感じのヤリトリをしたんですよ。で、山田先生はその日は荒れて、丸山マネージャーと荒木田にすごい八つ当たりしたっていう話を後でちょっと聞いたんですけどね。

八つ当たり、ですか?

そういう思い出話ってことになると、「だいたいわたしらは怒られ役だった」って丸山(世津子)さんと荒木田(裕子)は言ってるんですよ。この時だってわたしが原因で八つ当たりしたのか、何かほかの問題だったのかはわかりませんよね。とにかくその時のわたしの気持ちとしてはやっぱりここは区切りを付けたいっていう気持ちが強かった。

なるほど。

そもそも日立に入ったのだって、オリンピックでもう一回チャンスをもらって、自分のこの手で今度は金メダルを取りたいっていう気持ちになったことと、職業としてもう少しやらなきゃいけないって思ったからですよ。だからそれは金メダルを取ったことで実現したと。それから自分は24というひとつの区切りの年齢だし、体も限界だし、役目は終えたと。とにかくそこは強く主張してマアそこでピリオドを打たせてもらった……辞めたんですよ。それで岡山に帰りました。で、それから山田先生のほうからしょっちゅう電話があってね……お見合いしないか、とかね。

おお、お見合い。今度はそっちのほうから来たわけですか?

そっちから誘惑（笑）。でまあ、東京に出てお見合いしたり、いろいろあったりして……で、次にまた日本でワールドカップがあると、でまあそれは今度は半年ぐらい……運転免許取ったり先輩の家に居候したりとかして……。

それでその、お見合いっていうのはどうなったんですか？

まあそれがね、お見合いはしたんだけれども。そこから訳がわからない。そのお見合いした方の会社の社長さんっていうのがフジテレビと仲がよくて情報が流れたとか言うんだけれども……とにかくフジテレビの「3時にあいましょう」でわたしは婚約発表するって言ってるわけですよ、次の日に。お見合いの次の日に婚約っていうんですよ、本人も知らないのに……。

ええ？　何でそんなことに？

スッパ抜くっていうのか、ずっとわたしをつけてたらしいんですよね。オリンピックが終わったら、結婚する人がいたら、そういうことが決まったら、みんなに平等に発表しますって言ってたのに。どこかの新聞社がわたしをつけてたらしいんですよ。で、白井貴子が見合いしてたみたいなことになって調べたんでしょうね。そんであの、記事に出るぞみたいな話が事前に日立に流れて来たんで「エーッ」って大騒ぎになって。わたしその時岡山に帰ろうとしてたんですよ。実際お見合いはしたんだけれども、まあちょっと、うーん……みたいな感じだったんですよね。それで「マアともかく帰ります」っていう感じで、まだ中央線の国分寺の駅にいたんですよね。そしたら駅の放送で「白井貴子さん、白井貴子さん」って呼び出しがあって、「あのー、日立から電話が入ってます」って。それで出たら「すぐ戻って来いーっ」「何ですか？」「明日新聞に出るし、テレビのほうはどうとかこうとか……」「何言ってんですか？」って話になって、しょうがないから日立に戻って夜中まで話し合いになったんですよ。

何でそんなことになるんですか？

わからない。でも大騒ぎになってしまってるんですよ。

お相手の人はどんな方だったんですか？

まあ今更だから言ってもいいのかもわかんないけど……うかい鳥山っていう料亭のコックさんだったんですよ。それでそこの社長さんとかも話し合いに来ていて、わたしが練習しながら子供を産みながらバレーやっていっていいっていう……彼との話がついていたらしいんですよ。

えー？　誰が？　なんでそんなことを？

だから、わたしはそんなの知らないですから。後から分かったんですよ。とにかく、要するに新聞のラテ欄に「白井貴子」って載ってるんですよ、3時にあいましょうのところに。ただもうビックリですよ。「わたし、そんなの関係ない！」って言ってもね……もう山田さんの策なんですよ、逃げられないように。出るしかないから2人で出たんですよ、テレビに。

そのお相手も？

そう（笑）、笑っちゃうよね……。そんでわたしテレビに出たその足で岡山に帰って、トンズラしたんです、姿かくしたの……。

そのお相手とは？

テレビ局でサヨウナラ……。

冗談じゃない……ヒドイなァ……。

ヒドイ話でしょ？

そこまで……なんていうんですか……しゃぶり尽くせますかね？　これって結局アレでしょ、

出来レース……白井さん以外は結構多くの人が知ってたってことでしょ？　つまりみんな示し合わせてたっていう……。

マアそういうことだったのかな。

本人には聞かせないようにして。

だから「旨い話には裏がある」っていう。

いや……旨い話もナニもね……。

それからある先輩のところに隠れてたんですけど。それからしばらくしてね、えーと、オリンピックが終わったのが8月だから、9、10、11、12、1。まあ暮れからお正月にかけてですかね、山田さんの電話攻撃ですよ。

また？

毎日毎日ですよ、その居候させてもらっている先輩の家にですよ。とにかく掛かって来る。松平さんからも掛かって来たのかな。いや、松平さんも言ってる、っていうことだったかな？　要するに今年ワールドカップが日本であるが1年前にオリンピックで金メダルを取ったチームが負けるわけにはいかない、ってはじまったワケですよ。その上山田さんが言って来たのは「君のそのー、婚約を破棄するのは、バレーをやるから婚約破棄したっていうのはどうだ」って……まあ、口だから……。

なるほど、ひどい話だ。

ヒドイ話だよね……これは本には出来ないよね？

いやぁどうでしょうね、それが白井さんの人生で大切なことなら全部言っておいたほうが良いのかも知れませんよね。この方々はみんな今でも元気でいらっしゃるんでしたっけ？

この方々っていうのは？

いま出て来た、話の中に出て来た登場人物……。

ああ、ですから山田さんは亡くなってるし……相手の方はいらっしゃるでしょうかね、テレビ局でお別れした……あとうかい亭の話ね、まあ知らない人は知らないし知ってる人は知ってる、まあそんな感じだから……名前をクエスチョンにしとけばいいじゃないですか。……まあそれはそれとして、そこのかくまってもらっていた先輩の家の人がちょっと占いに凝ってるおばさんだったのね。

ああハイハイ、そうでしたね。

それで、その方がある時言ってくれたのは「ビック。金メダル取れたのは皆さんのおかげだよね。一人で取れたわけじゃないからね。山田さんも毎日毎日電話くれるけど切羽詰ってるんじゃないの？バレーボール協会にだって恩があるんだから……まあ一度恩を返したら？」って言われたんですよ。「でももう体が動かないんですよ。20歳の時とは違う、今はもうわたし無理だと思う」って言ったんだけど……。

はい。

でもそこで、やっぱり気になるのは……婚約の問題が宙ぶらりんになってる件ですよね。婚約破棄っていうんじゃないけど、なんかあの、わたしのせいになっちゃってるしね。それをバレーをやるからっていう形に持って行けたらっていう……悪魔のささやきだよね。

うーん。

まあ策に乗っちゃおうかっていうかね。そうしないと、わたしホラ、家にも帰れない宙ぶらりんな状態だったからね。その相手の人にも何も出来ないしね……婚約っていう状態になっちゃってるから。

してないのに。

本人は婚約してないんだけど、社会的には婚約ってことになっちゃってるから。それで言ってなかったけど彼が九州まで来てくれたんですよ……来てくれて……で、ま、最終的に話をしようってことになって……「結婚する意志はありません」「わかった」ってことで当事者同士でその件ははっきりと無くなりましたけどね。

ああ、そうだったんですか……それは良かったですね。

まあそれで、晴れて……っていうのか何と言うのか復帰することになるんですよね。

辻褄が合った？

釈然とはしないんですけどね。まあやっぱり大きいのは先輩のお姉さんの「一人で出来たわけじゃない」っていう言葉ですよね。それから「オリンピックの次の年に日本でやるワールドカップに負けるわけにはいかない」っていう説得ですよね。みんなも頑張ってくれるんならわたしももうちょっと頑張ろうかなっていうことで。

みんなっていいますと？

松田（紀子）さんも前田（悦智子）さんも引退してたんだけど戻って来るからって言われたんですよ。まあ向こうにも巧く言ったらしくて「白井が戻って来るんだからおまえたちもカムバックしてくれよ」とか言って。

仕掛け人の常套手段ですね。

そう。だけどさ、復帰したのはいいけどチームはまたどうにもならなくて。こんなんでまた金メダル狙うのかよって言うチームだしさ。誰も彼も故障者ばっかしでね。チームとしては成り立ってなかったしね、大変でした。わたしはもう泣きたかったよ……。

あれですか、やっぱりオリンピックの後っていうのはみんな燃え尽きてるわけなんですか？

燃え尽きてもう灰……だから辞めちゃってる訳ですからね。でもまあ「やる」って言っちゃったんだからそこはしょうがない。もう無茶だって思ったんだけど、ま、勝てちゃったからね。

勝ったんですよね。

結果はね、日本でやったっていうのもあるしね。それとあと中国がね……。

中国がどうしたんですか？

この時の予選リーグが横浜の文化体育館であったんですけど、中国に負けたんですよ。やっぱ中国はすごく伸びててね、すごく強かった。ところがその時の中国のエースがキューバ戦かなんかで足を捻挫したかとにかく故障しちゃったんですよ。だから決勝リーグはそのエースが出ないから、それで助けられたのよ。もし出てたら中国が優勝してたと思う。

なるほど、時の運っていうやつですね。

強敵の中国が予選リーグで負けて決勝リーグにはいなかったのよ。大阪で最後決勝リーグやったんですけどね、そんな事情って世の中みんなわかんないからね。「勝った勝った」で喜んでるけどさ。

内情は厳しいっていう事……。

もう全然。これからは中国、キューバの時代だなァって思ったらやっぱりそのあとグーンと伸びましたからね。日本は本当にあれが最後でしたね。あとはもう落ちていくだけだったもんね、考えてみたら。

つらい時代の変わり目だったという。

それでそのワールドカップが終わって、本当にこれで辞めさせてもらえるかと思っていたけども、辞めさせてもらえず。わたしは補助としてね、センターをやるかライト攻撃をやるか、みたいなことで。でもその時まあまずどう言ったかっていったら、わたしは山田先生に言ったのは「勝たなきゃいけないの？」って。

うーん……究極の問いですね。

いやまあホントに勝てる状態じゃなかったんですよ。これで延々と勝てっていわれても困るんだけどって。そしたら「おまえがいる限り金メダルは国民が皆期待する」……。

うわ、「国民」ですか。

そう。だからそれを聞いた時に「ああこれはもう強引に辞めなきゃいけない」……だからえーっとそれが3回目の、最後の引退になるんです。

3回目の引退

わたし現役の時にキューバ遠征を2回してるんですよ。1回目は日立で行ったんですよ。良くは分からないんですけど日立っていう会社はキューバと色々つながりがあったんだと思いますよ。2回目は日立で行ったか全日本で行ったのかな、とにかく1回目は日立で行ったんですよね。それは日本リーグの最中に2週間……前半と後半の間に2週間あったんで……まあそのころ日立は強かったからね、余裕があったというか。しかもそれはオリンピックの前だったんですよ。

それはすごい余裕ですね。

その時はキューバもまだそんなに上手くなかったし、まあこっちが胸を貸すみたいな感じでしたね。その時は何も問題なかったんですけども、2回目の時には大変だったんですよ。

それはワールドカップの後ですよね。

そう。日本はオリンピックに勝ったでしょ、それからワールドカップに勝ったでしょ。でもキューバはもう見抜いているんですよね、日本がもう強くないってことを。それで、来てくれってことになったんですよね、向こうから。

キューバからね。

こっちは受けて立たない訳には行かないじゃないですか、だから行ったんですよ。でももうガタガタですからね、若手が育ってないし。それで4試合。最初は3－2で負けて、次の日は3－1で負けて、3日目は3－0で負けたんですよ。それで4日目はわたし棄権したのかな（笑）。なにしろ酷かったのは結局日本に勝てばキューバが金じゃないですか？　金に変わるじゃないですか、勝ったってことで。

世界一の日本に勝ったってことでね。

そうそうそう。だからその為に色んなことをやるっていうのか、まず審判がみんな向こうの人でしょ。で、バレーボールが国技みたいになってるからみんな観に来てるでしょ？　そういうところで審判はもうアウトボールはセーフにするし、セーフはアウトだし……とにかく酷かったのよ。ワンタッチしてないのにワンタッチとかいうしね。もうブロックの上からボカスカ打たれるし、ルール変わっちゃってるし。あの線審っていうんですかね、それが酷かったんですよ。もう50センチぐらいアウトなのにセーフって言う。その時わたしはバックだったんで完全に見えてますからその線審の旗を持って「アウトでしょ！」って言ったの。そしたらその人は旗を下げてセーフにするわけ。いやアウトでしょ、セーフだってやってたわけよ。

アウト、セーフ、ヨヨイノヨイ（笑）。

そしたら領事館だか大使館の人が飛んで来たんですよ。まあ日立の人だったか、関係者の人ですよね、どっちかが……。

事を荒立てるんじゃないってことでしょう？

でさ「何か問題がありましたか？」って言うんですよ。それでわたしはね「いくらなんでも、５センチのアウトセーフならあるけど、いやしくも国際試合ですよ。50センチのアウトセーフは無いでしょ？」って言ったの。それでわたしは旗を投げつけたんですよ、線審が持ってた旗を。それで試合放棄……したのかな？　そこまでやったのかな？　いや試合放棄なんてするはず無いけど、何したんだろ？　あまりの怒りで覚えてない（笑）。

そんなことがあったんですか。

それで松田（紀子）さんに「わたし辞めるけどどうする？」って言ったら「もう気力体力の限界だ

ね」って言うんで、もう山田先生と相談して……わかったってことで……キューバから帰国したその成田空港に新聞記者を呼んでもらって「引退します」っていう記者会見。それがわたしの3回目の、3度目の正直じゃないけど……わたしの最後の引退でしたね。

壮絶……ですね。

そうですね。満身創痍っていうのか、身も心もボロボロの幕切れでしたね。それでもね、山田さんがボソッと「女はいいよなァ、辞めるっつったらスッと辞められて」って言ったらしいんですよね。

はあ……そこまで追いかけて来る？

いや、非公式でしょうけど……そういう話を伝え聞いたっていうことですよ。山田さんも悔しかったんですよね。で、その時わたしが言った言葉は「いつか花も散る。満開の桜はもちろん美しく、散る桜も美しい。でも散ってしまった花はもう見る影も無い。だからまだ余力があるうちに辞めさせてください」って言った覚えがある。周りから「もう引退したほうがいいんじゃないの？」なんて言われてからじゃなくて、花で言ったら「大丈夫！　まだまだキレイじゃないの？」って言ってもらえるうちに辞めさせてくださいって。

心の叫びですよね。

もう、せいいっぱいの気持ちでしたよね。そこまで全部言っちゃって……あとはもう気丈にふるまうって言うんですか。出し尽くしちゃった状態ですね。ずーっと体の故障を抱えながら、歯もそうだしね。でもしょうがないね、それは。

背負ったんですもんね。いろんなことを……あの時の国民の思いを全部背負ったんですもんね。

いや、でもそれはね。「バレーをやったから体を壊した」なんて言ったら山田先生も立場ないし「オイオイ、そんなことを言ったらみんなバレーやらなくなるから言うのやめろ」って言われるからそれは言いたくないけれども。やっぱスポーツをやり過ぎたらね。昔はそんなこと何も考えないで「水を飲むな」とか「怪我しても気力で治せ」みたいなことを言われてましたけど。

精神論……みたいな。

……っていうか、そういう時代だったんですよね。昔はね……今の時代みたいに「スポーツ医学」っていうものがなかったって言ったらアレだけど、今の時代だって怪我をしたら選手生命を断たれることもあるのは一緒だからね。

伺ってますとね、体の痛みもそうだけど。心の痛みっていう気がしますね。

第6夜

ショートステイ：わたしの生きかた論（2016年7月28日）

娘とわたし。

良くも悪くも日本はA型社会なんですよ

今日は雑談でもいいですかね。

いいですね。

最近血液型の話ってあんまり聞かないよね。科学的根拠がないとかって言うらしいんだけどわたしは昔から信じてて、今でも血液型でものごとを見てるんですよね。それで言うと、まず日本ってやっぱりつくづくA型社会だと思うんですよ。グループを作るのが好きでしょ。これA型だよね。それで最初は仲良くやってるけど、みんな自分が一番になりたいからそのうち強いものは排除するわけですよ。集まって仲良しグループを作っていって「しっかりやろうね」とか言ってるんだけど、でも最後は誰がトップになるかっていう時点で自分がそうなる為に関係性を切るんですよ。それが日本のやり方だと思うの。世の中の色々な動きを見てもそうだし、わたしなんかの関わった団体スポーツの世界でもそうでした。これはA型中心のグループの特徴なんじゃないかと。

それが日本の特徴だと？

正直言って、他の国のやり方は良く知らないんだけども、A型の特徴ってあるじゃないですか。まず徒党を組んでやりたがる。そして上手く行きだしたら力ある順から排除していくんです。だから力の強いものは最初からはいれない。そういう意味ではわたしなんかは1番に蹴られるタイプ。

異質ってことですよね。

いや強いってことですよ、はっきり言って。ずっとこんな風に思っていたわけじゃないけど、こうやって自分の考えをいろいろまとめてみると、やっぱり問題はそこにあったんじゃないかって思えて来たんですよ。

強いものを排除するという？

例えば島国っていうのも関係あるかも知れない。島国にいると外から来た外敵っていうのはすぐわかるからワーッってやるんだけど、外敵が無い時には自分たちの中でやるんですよ。島だからね。

狭いから？

そうそう。だってどこにでもあるでしょう。大きいところで言えば日本の歴史で、関西と関東の間では何度もイザコザおこしてるし、部落民だとかっていう差別もあるし。もっと小さい隣近所のレベルだったらそういう話がワンサカありますよね。

白井さんの周りでも？

一つさ、わたしの体験したところでちょっと面白い話があってね。わたし今でも元気なおばちゃんだけど、昔もっと元気な時にスポーツクラブに行っていたんだよね。その時そこに集まってたおばちゃんたちの話ね。それを聞いてるとその格差社会っていうんですか、色んなことがそこにあるわけ。まずね、女性で平日の昼間そこに来れてるって事はそこそこの人たちじゃないですか。働かないでいられるとか、たとえ働いていてもその時間に来れてる。そういうおばちゃんたちが一杯来てて、サロンになってるんですよね。

羨ましい話ですね……。

そうするとそこでグループが自然に出来て色々話してると、その時は仲良くしてるんだけど、サロンから出ていく人がいると、出て行った瞬間にその人の悪口を言うんですよ。

あるある（笑）。

で、そういう話の中で聞いてて一番面白いって言うか「えーっ」て思ったのは、まず結婚してないって事で差別するのね。「あの人は結婚してないからよ」って言い方するのね。で、結婚してる人を排除する時には「子供産んでないからよ」って。次、結婚して子供も産んでる人の悪口を言う時は「女の子を産んでないからよ」……。

どうして女の子？

要するに男の子はお母さんのいう事を聞くんだって。女の子は辛辣じゃないですか。母親に対して。だから女の子を産んでる人が上になる。そして最後には「孫がいないからよ」。

そこまで？

そう。でもなるほどなって。一般論っていうのがあるじゃないですか、子供がいて孫を見て一人前っていうのはわかる気がするんですよ、まあ欲しくても出来ないとか色んなことはあるんだけどね。それに孫がいたってダメなのはダメじゃないかっていうのもあるんだけど。まあ、理屈じゃない屁理屈をこねてダメなことを一つでも探すっていう……。

小競り合い、ですかね？

排除、ですよね。だからね。自分がトップをとる目的のためなんですよ。

でもどうなんですか、結婚してない人だったら最初の「結婚してないから」っていう時点で「排除」ってなるわけですか？

その中に入れないから。

そんなことで？

だって入れないじゃない？

だったら未婚の人は居場所がないわけ？　狭くなっちゃいません？

だからそういう競争に入らなきゃいいのよ。流れに従っている分にはいいの、どうってことない。

はしっこで聞いてればいいんだ。

そうそう。だけどちょっとでもしのぎを削ろうとしたり、反抗的な態度を取ったりすると、グループとしてそういう対応になって来るわけ。そういう風にして「あの人はああだから」って理由を挙げて排除して自分たちの安泰な部分を作るみたいなことですよ。

人生はショートステイ

わたしはね、今生きてるのはショートステイだと思ってるわけ。わたしが今地球上で生きてる。このショートステイを卒業してあっちへいくわけですよ。見えないけどね。魂がどこか行くか知らないけど、肉体はなくなる。その何処か向こうでまた勉強して今より良くなって戻って来るって思うんですよ。だから今いる此処っていうのはたかだかショートステイだからって思うことにしてる。まあだからこそ今を頑張らなきゃいけないってことなんだけどね。

いいですね。

それが、そう思わない人が多いでしょ。今ご利益があるかないか。この場で勝てればいい良きゃいいっていうところでいがみ合ってる。それで出来ないことは子供に夢を託すっていうのとおんなじで……。昨日もそんな話を娘としたんですよ。娘が言うのは今のこの世で子供を産んでもろくなものにならないって。上から引き継いだものが悪いから。自分が一生懸命育てても外部との接触があるから、どんなにいいもの食べさせても町にへんなものが溢れてしまってる……子供は可哀想だから生まない方が良い、必要ないなんて言い出して。

極論かも知れないな、それ。

わたしの場合初めに考えたのは、女性として生まれたからからには子供は産みたいっていうこと。子供は大切、だけど70で子供って言っても無理だし。男の人だったらあるかも知れないけど女の人は限界があるから。若いうちならいろいろ可能性あるしね。だからそんなこと考えて、自分のＤＮＡを残したいって考えてわたしは子供を作ったのね。だから好きだとか嫌いだとかまったくそんなんじゃなくて申し訳なかったよね、相手には。

そういう感覚だったんですか。

あのー、なんていう人だっけ。いるじゃないですか、作家で。外人さんの子供3人産んだ人。最近名前が出てこない……男の子はカメラマンで……。

えーと。キリシマヨウコ。

桐島洋子さんね、彼女もそういう感じだったんじゃないかな。そういうイメージ受けました。子供たち3人みんな違うでしょ。でも生活能力があるからね、彼女には。だけどその話をしててね。みんなやっぱり子供に期待をして、期待をするから育てられるんだろうし。でもわたしが娘に言ったのは

母の編んでくれた帽子とカーディガン。おどけるわたし。

「トンビはタカを産まないんだよ。だけどタカもトンビを産む事はあるんだよ」って。うちの娘意味がわからなかったみたい、タカとトンビの区別がついてないからね。何言ってるかわからなかったと思うんだけど。ようするにタカなんて滅多にいないのに、自分はタカを産めるってみんな思うわけですよ。そこで問題が起きるわけですよ。タカなんていないんだから。タカだってタカを産めないんだよ。わたしにしたってさ、子供が素晴らしい運動能力があったらって思ったけど、そんなこと言っちゃ悪いけどトンビだったんだからね。しょうがないよね。

それは運動能力の話ですね。

まあそのこと……。でもいろんなことに言えるんじゃない。親っていうのがそういうふうにタカを望んじゃうっていうところに問題があるっていうこと、どうしてもね。

タカ望み（笑）。

そういうこと。だけどタカが知れてる（笑）。まあ、そう思うと気が楽だよね。人生ショートステイしかないと思ったら楽になる。やり残した事があるとかね。後悔を語るじゃないですか。それでいうならわたしはやり残した事はない。バレーやり尽したし、子供も産んだし。反省はするけど後悔はしない。負け惜しみっていわれたらそれでおしまいなんだけど、後悔したくない。もう終わっちゃったことだから。でも、失敗したことに対しては反省して、同じことをしなければいいと思うわけ。……でもだいたい同じような事するけどね（笑）。思考がね、そうだから。

またやっちゃったか（笑）みたいな。

よく「生まれ変わったら何歳に戻りたい？」とかいうじゃないですか。わたしはたぶん、また同じことやってると思う、バレーボール。苦しい練習。あれはもうやりたくないし、終わったんだから。みんな若い時に戻りたいっていうけど「何が良かったんだ？」ってわたしは反対に思う。それでよかったんだろうなあって。わたしは若い時より今の方が幸せだからわざわざ戻る事ないなあって。そこに戻る必要は無いって思いますね。

もう一回やりたくないっていうこと……。

いや。別の人生を歩めるんだったら戻りたいって思うよ。でも絶対同じことすると思うんだよ。わたし……。

松下幸之助っていう人が、かなり高齢になってから何が欲しいかって訊かれて「もう一回俺を二十歳にもどせ。同じだけ稼ぐから」って言ったって話をね。今のもの全部やるから。今俺持っ

てる富もすべてやるから俺に二十歳の時間をくれ。二十歳に戻したら俺また同じだけ稼ぐからって、そう言ったんだって。

だから同じ事やるって事でしょ。同じ条件があれば出来るって言ってる。無いものねだりじゃないですか。昔、種子島かなんかに居た日本一長生きの男の人……。

泉重千代？

そうそう！　その人が「できることなら年上の彼女が欲しい」って言ったって（笑）。ありえないじゃないですか。自分が長寿世界一のギネスなのに……ブラックジョークって感じ？

酒落かな。寂しさですかね。ほんとうに分かり合える彼女が欲しい。話を聞いてくれる、できれば年上の……って。

ショートステイがわかってるひとじゃないですか。一緒に食事しても一緒にお酒飲んでも楽しい人とやっぱりね。いくら奢ってもらって美味しいところに連れて行ってもらっても嫌な人とは食べたくないじゃないですか。でもなかなか居ないよね。

いや。難しいですね。かなり仲良くなっていてもね。本当に。

親しき中にも礼儀っていうのがね、難しいのね。言っていい事と悪いことがあるし……。親子でもそうだって言ってるの。親も子供に対して失礼な事を言ってる。それもいけない事だと思うのね。そういうの考えない人も多いのかなって思いますけどね。

そう考えてみると僕なんか口の利き方悪いですよね。バンバンぞんざいな口ききますよね。勢いに乗って……年下なのに。

ううん。これは全然問題ないでしょ。役割って事だね。あなた年下のくせにタメ口きいてよく言うじゃん。そういうの。タメ口をきくっていうのはそれだけ信頼関係があると思う。全然関係ない人がタメ口だったらあんた何言ってんの！　ってなるけどね。

ありがとうございます。礼儀の話ですよね。礼儀って何かわからないけども相手と自分で作るものだから「あうんの呼吸」で決まるものですね。他人がガタガタいじると何なのこれってなっちゃう。わかる人はわかるんだけど。わかんない奴は何度言ったってわかんない。

そうですね。山田監督がよく言ってましたよ。わかるやつは1言って10わかる。でもわかんない人は10言ったって一つもわからないんだから言うだけ無駄だ。

かえって言えば言うほどわからなくなったりして……。

そうそう。何言ってんだこの人って、突っかかって来る。だからだんだん距離が縮まらないで広がっていくっていうの？　価値観ですよ。そうなって来ると。だからバレーもそうで、できる人っていうのは誰に教えてもらわなくても見て学ぶんですよね。で、できない人っていうのは教えてもらおうが何しようができないんですよ。

ひかり攻撃の話。白井さんが空中で止まっていることは不可能って話をなさるでしょ。それを可能にするためその分を予測して飛ぶっていう事ですよね。そこんとこを理屈で考えてても僕みたいな運動神経だと一生できないって話と一緒でしょうかね？

だからここにいて、ここに来るまでのこれを考える。早く飛んで降りたりとか、来てるのに自分はまだ飛んでないとかね。毎回同じとこから来ないわけじゃないですか。だいたいだいたいだから。それが練習練習で、あうんの呼吸になる。

誰がどう拾って、誰がどうつないで……みたいな。

そういうのも全部頭に入っておかないと。でもたかが3回の事だもん。6回のうち3回だもん。

障がいのある友だちの話

ちょっと昔の話を思い出したんだけど。中学の時、下級生にね、たまたま一人ね、バレーやりたいって子が居たんですよ。だけどその子は今思うと自閉症なんですよね。一言もしゃべらない子だったから。その子を部に入れるかどうするかでもめたっていうか、ちょっとあったんですよね。その子は要するに、今は特殊学級なんて言わないんだけど……当時はあったんですね、1クラス。で、その時、監督、顧問から呼ばれて。一つ年下の子がね。わたし3年の時彼女2年で、それか、わたしが2年の終わりだったのかな。わかんないね。他の人にも相談したか分からないんだけど、監督がわたしにね、彼女がバレーをやりたいって言ってるんだけど、普通学級じゃないそこに入ってる子を、バレーやりたいって言ってるけど入れるのはどうだろうかって訊かれたんだよね。

どう答えたんですか?

わたしはその時に言ったのは、バレーボールをやりたいっていうのにね、来るなっていう事もない、やりたいならいいんじゃないですか？ って言った覚えがありますよ。ただ、何か問題が……怪我慢したりとかね。本人もそうだし、周りにも。何かがあったら考えるべきであって、いいんじゃないですかって話をして。で、彼女は参加して、真面目に練習してたし。ただ言葉を発してたのは一度も聞いた事なかった。よく考えてみたら。自閉症なんて言葉も知らないしね。当時。14、5歳じゃね。

専門的な言葉としてはあったかも知れないけど。

なかったと思う。ただ要するに言葉は発しないし、人とのつながりができないみたいなとこがあった。でもね普通の子だったの。普通の子だったけど、ただしゃべらない子だったの。学年も違うからね。本当にあの。なんていうかな。それでも何かが通じ合うみたいな……。

何かが通じ合ってなければチームプレイはできませんよね。

バレーが好きだからやってた。普通にそういう気持ち。ただレギュラーじゃなかったからね。わたしたちが卒業した後、彼女がどうなったかわからないけど、そういう障がいのある子が入るっていう、出来事がありましたよね。だから顧問の先生が何を思って、彼女がバレーを見てて自分のクラスの先生に言ったんだろうね。バレーボールがしたいって。で、できるものだろうかって相談したんでしょうね。顧問に。それを皆に訊いたんでしょうね。皆に訊いたかわからないけど。

少なくとも白井さんには……。

訊いたから、本人はやりたいみたいだからどうだろうかって相談されて、わたしは構わない、やりたいならいいんじゃないの？　って。一緒にやろうって。それで一緒に練習をやった。

問題がおきればその時に考えればいいんじゃないですか？　っていう感じの話をした覚えがある。

でもそれって究極の答えかも知れませんね。みんなで一緒に生きてくってのが世界のルールじゃないかって。皆でコミュニケーションを取る、なるべく分かり合おうって努力をするべきだっていう。みんなが違う個性をどうやって認め合うかっていう。

生きて行くっていうこと

人間って歳をとるしいろいろ衰えるし見た目も老人ってなっちゃうんだけど、なるべく抵抗したいし男もそうだろうけど女の人は特に自分が年取ったって思ってない。乙女の心のまま生きている。電車とかでよくおばあちゃんグループが大きな声で「誰々ちゃん、何々ちゃん」ってしゃべってるのを見ると見た感じはおばあちゃんだけど乙女の頃の友達のままいるでしょう。分かってくれる人っていちばん大事なんですよね、人生で。白井さんが話してるのを聞いてると「あ、それわかる」っていう共感があるんだと思いますよ。

「ああ、あの時代は……」とかね。

そうそう。

みんな中学・高校では部活ををやってるからね、昔は。何かやってますよ。バスケットかバレーか。卓球かテニスか。それでいろいろ思い出があるんですよね。わたしはこれやってたとか、わたしの考えはこうだとか皆思うような世界なの。

親類の高校生が「燃え尽き症候群ってなんだろう」って言うんですよ。えっ言わないの？ 聞いたことないなって。「燃え尽きるって何？」って真顔で言ってる。今の高校生は燃え尽きるまでいかないんですよ。

燻ってるんだ。（笑）燃え尽き症候群がないんだ。ひゃー。

でもさ自分たちが不幸だったから子供達にはってわたしなんかは思うもんね。苦労させたくないって。それがいい事だったのか悪い事だったのかって事なんですよ。子供に苦労させたくないっていって変に手を差し伸べちゃった。自分で考える力を削ぐっていったらおかしいけどやっぱり自分で道を開いていった方が次のハードルじゃないけど難題が来た時に自分で解決できるんだけど常に親が解決したげるから「お母さんこんなときどうするの？」って。楽じゃん。こういう時あーでこーでってて。

楽なようで不幸ですよね。

そう。だからそれはやらない方がいい。百獣の王のライオンが、崖から子供を落とす。それと同じで子供は18歳になったら家を出す……それまで家にいて何でもやってもらって何もしないでっていう繰り返しで来たことの問題にここで気が付かないと困っちゃう。お互いがね。だけど自分はこうだったから子供にはこうさせたくないってなってる。上手くいかないものでね。

だからどうなのかって本当は誰一人わからないわけだから。

そう。人生の結果が見えてる訳じゃないからね。一番いい例が死ぬ時がわかればね。一番いいわけじゃん。死ぬまで頑張らないといけないわけだから。だからわたし、死ぬまで頑張らなきゃいけない、一生懸命頑張らなきゃいけないわけじゃないですか。それがいつかわからないわけですから。それがわかったらどうなるんだろうかとかね。なんていうかな。哲学とまではいわないけど、禅って言うの？　でもそんなことばっかり考えていたらバカになっちゃいそうだしさ。日々の生活があるわけだから。人間らしくじゃないけど、いいことと悪い事っていうのはどこで線を引いたらいいかわからないでしょ。

絶対ってありますよね。人のもの盗っちゃいけないとか。人を脅かしちゃいけないとか。絶対の悪ってありますけど、それは大概の人は普通守りますけどそうじゃなくてこう、いろんな答えがある事が人生には多い。だから思い切って決めなきゃいけない。今日のランチはカレーライスにしようとか。別にランチなんて何食ったっていいわけだけど、とにかく決めなきゃ進まない。俺はカレー、わたしはソバだと違う店に行かなきゃいけない……カレーそばで妥協するとまた困っちゃうわけで。どっちか決めるときに誰かが決めなきゃいけない時に、それが基本的にその辺の声が強い人に従ってくっていうことになるんじゃないかって。

どっちでもいいやってのがいるんだよね。

はじめからね。

お昼なんて何食べてもいいんだよって人いるわけよ。わたしなんかは食べ物に関して敏感だし、食べたいモノを食べたいってのがあるからこだわるけど、世の中には居るんですよ「何で三回もご飯食べなきゃいけないの？」って人が。食べることに興味が無い人っているんですよ。ものすごくほかのことに興味を持ってる人。たまたまわたしの知ってる人でね、昔、ＳＫＤのダンサー。松竹のね。わたしよりちょっと年上でね。なんでそんなに痩せてるの？　っていう、そんな話からね。わたしはご飯を食べるのが苦痛なのよって。「ええっ、何それ？」って言ったら、何でご飯を三回食べなきゃいけないの？　って。それ聞いて驚いたけど、ああこういう人もいるんだなって思って。わたしは子供の時からずっと家じゅうみんな食べることが大好きで、身体もでかいしダイエットの事なんて言ってない人ばっかり。食べて太って……食べたくないって人もいるんだよなって、自分の知らない世界もいっぱいあるんだよねって。

前にラーメンの話があったじゃないですか。寮で下級生が上級生のラーメンを作らなきゃいけないって話。自分の分を食べようと思ったら消灯時間になっちゃったって……そういう人なら大丈夫ですよね。

だからそういう人だからスタイルを保ってやれるんですよ。食べることが大好きな人はああいう世界には行かないんですよ。だってずっとダイエットしなきゃいけないんですよ。肉がはみ出してるよなんて言われたら嫌でしょう。そういう人がそこに行くんですよ。顔の綺麗な人が芸能界に行くように、あんた辞めた方がいいよっていう人は行こうっていわないんですよ。それこそバレーボールだったら身長が小さいけどバレーやりたいって言ってもちょっと待ってってなるのと一緒で、泳げない人に水泳選手になりたいっていわれてるようなものでしょ。

来世は小さく生まれてお姫様抱っこされるっていうのはどうですか？

ああそれもいいね。でも、わたしがお姫様抱っこする男に生まれるかも知れないけどね……でも男より女がいいね、やっぱり。

第7夜

リオ五輪から東京へ（2016年9月14日）

2011 年。歴代キャプテンを囲んでお茶の会。

リオ・オリンピックの後だったんだけど、女子バレーのキャプテン経験者たちとお喋りをしたことがあったんですよ。そこでいろんな話が出たんで、今夜はまとめてご紹介しようかと思うんだけど。

わかりました、よろしくお願いします。

オリンピックの順位が分かりにくいこと

まず最初に出たのは、今のオリンピックの参加国数と選別方式の話。もともと最初の東京オリンピックの時は6チームで始めたんですよね。アメリカ、ルーマニア、ポーランド、ソ連、日本という5チームに韓国に頼んで出てもらって6チームにしたっていう事情があるのね。その後、次のメキシコ大会から8チームになってそれからずーっと（8大会）8チームが続くわけ。それで、２０００年のシドニー大会から12チームになってリオまで5大会続いてるっていうこと。これはどういうことかっていうと、順位決めが分かりにくくなったっていうこと。ここでみんなが言ったのはまず情報不足。外国でやるからテレビの情報しかわからないじゃないですか。その仕組みが分からない。テレビ見てても特に高齢者は決勝リーグの仕組みがわからなくてそこで止まってしまう。暫定5位なんていう言い方もね。ようするに4チーム4チームで当たって負けたら、ベスト4に入れないじゃないですか。４位までに入らなければ残りの４チームがみんな暫定５位になってしまう。５６７８位決定戦っていうのはやらないんだから。ゴチャゴチャ説明されると最初わからなかったけど、なんだふつうの準々決勝ってことかってわかれば単純。それが最初に８チームなら４チーム４チームで簡単なんだけど12チームあるから６チーム６チームに分けてそれぞれを２チームふるい落とす予選ラウンドが必要になったっていうだけのことだっていう。

なるほど。確かにきちんとわからないでテレビを観てますね。

それと今回みたいに中国が予選４位でスタートして金メダル取ったっていうのが何か不思議な感じだったってこと。中国は予選から３敗もしてるのに金メダル、一方アメリカは１敗だけなのに銅メダルっていう、なんか腑に落ちないなっていう。こんなことあるんだろうかっていう感想がみんなから出たんですよ。

こういう事もあるんですかねって感じでしたね。

それで日本の話ですけど、予選のＡリーグとＢリーグって分けたＢリーグに日本はいたんですよ。ブラジル、ロシア、韓国、日本、アルゼンチン、カメルーンって。一方、Ａリーグはアメリカ、セルビア、オランダ、中国、イタリア、プエルトリコ。まあ、イタリアが落ちたってのはちょっとわかんなかったんだけど、結局Aリーグの1位2位3位4位が決勝リーグに行ったんですよ。って事はBリーグってのはそれよりちょっと落ちたって事になるんですよね。

ランク的にね。

それでそのアメリカが1位で行った、2位がセルビアで3位がオランダで4位が中国だったのが、4位だった中国が決勝進出して金メダル取っちゃったってのがねえって話をね。

監督の選出について

2番目に出た話はね、一体監督はだれがどうやって決めるの？　っていう疑問なんですよ。リオの真鍋さんはどうやって決まったの？　っていう話になったんですよね、今更だけど。そしたらちゃんとした基準があってってていう……理事会でね。二票差でマナベさんが選出されたんだよっていう。それはやっぱりその、タブレットですよね。分析力とか、外国でちょっと勉強したとかどうとか知らないですけど、もう一人の達川さんていう人は女性チームの監督をずっとやって来たんだけど、メンタルの面では強いかもわからないけど、他の部分でどうだろうっていうそういうのを比較分析した上で、マナベさんに決めたんだよって話をしてて、ああそうなんだって……。見えないじゃない。密室だから。

そうですね。

こういうことがあったから決まったよっていうんじゃなくて、決まってすぐ発表するじゃないですか。その時はマナベさんじゃないもう一人の方が有力視されてたんで蓋をあけてびっくりだという事で。でも二回オリンピック出たんですよね、マナベさんが。またやるのかな今度もっていう話になった時に中田久美の目があるっていう話になって、週刊誌とかそういうところにいろいろ出てますよね。最近女性の監督のチームが増えていることも。

そうですよね。

でもそんなの決まってないよって。話だけが歩いてて。ちゃんと理事会でいろんな条件をクリアしてやるんだよって話になって。昔の監督はその時代のトップチームの……トップチームっていうか、まあ、時代時代、オリンピックとか世界選手権とか色々あるんですけど、だいたい二年前に決まるのかな。ナショナルチームっていうかオリンピックの。わたしなんかもその4年の間にいろんな監督についてやってたんですけども。なんだかんだで最終的にはオリンピックって事でね。で、4年に一回の事なので、結局ナショナルチームの監督をやってる間は自分のチームを見れないわけですよ。で、その間に他のチームが選手取って来て練習して、次は自分たちのチームで行くぞって事で。昔は山田、小島、山田、小島ってやってましたね。

そうでしたね。

まあ、そんなことが……、そういうのもあったねって。ちょうどわたしたちが集まったのは、ユニチカ、ヤシカ、日立のチームですから。そんなんで、一度はトップになったチームのキャプテンたちが集まってたからね。そういう話になったんですね。で、東京オリンピックはニチボー貝塚が中心で、メキシコはまあバランスっていうか、日立が中心だけどもヤシカ、カネボウ、ユニチカ、4つ5つぐらいのチームでやって、ミュンヘンはユニチカ中心で日立、ヤシカ、倉紡って感じで、モントリオールは日立中心で、ヤシカ、ユニチカ、サンヨーの3名って感じで。まあ女子の場合は長年一緒にプレイをやって来たチームプレイっていうかコンビバレーというかね。練習時間を長く共有した関係が大切なんで、あうんの呼吸で。……まあ長くやってるから人間関係がうまくいかない（笑）こともあるけどね。

逆にね。

そういう中で監督は自分のチームを見ててエースとセッターぐらいはね。要の選手は自分のチームで選出して、それを骨にして肉付けするみたいな。そんなんがあった方がいいよねって話。それで行くとリオのナショナルチームの12名は誰がどうやって選んだのかなあって話が出たんですよ。メンバーね。どういう選出だったんだろうねっていう話で、NECに古賀とかいう若手がいるらしいんですよ。NECで新人……新人てことはないんだろうけど20歳になってるのかな。

若手ですね。

で、わたしの昔の話になったんだけど。先輩たちが言うにはね、ミュンヘンの時は19歳で、大会中に20歳になるけども。4年後にエースとして育成しようっていう考えが協会の中にあって、その時は使えないまでも1回オリンピックってものを経験させて、4年後にエースとして育てようっていうプロジェクトのようなものがあったんですね。だけど、今の女子バレーにはそういうのが見えない。だから木村さおりなんかでも若い時に入れて、先輩がいてってのを経験してるわけだから、今度は木村がキャプテンになってエースになって、それに代わるものを連れて行かなきゃいけないけど、なんとなくなんで選んだのかなっていうチームのね。なんでだっていう感じだっていう話をしてましたよね。

なるほどね。

で、まあ、監督も女性がやるというのなら金メダルを取った中国の監督の郎平みたいな、ああいうシャキっとした人、ちゃんと統率力がある人が要るっていうこと。それと、今監督になるためには資格がいるっていう話。バレーはベンチに入るためには資格がいるとかっていって。筆記で英語の授業もあるらしいんですよ。そうすると、もう英語ができない人は難しいっていうのがあるんですけど。やっぱりその資格っていうのも大事だけども現場を経験した人ってのもあるじゃないですか。そういう人たちと監督の資格を持った人たちがコラボして、一緒にチームを作っていく事はできないものかなっていう……そういう話にもなったんですよ。

2人でやるっていう事ですか？

まあ実際問題として監督ってのはね、自分が一人で頑張ったという事が、他人を入れたくないのはあるんじゃないかって話と、わたしなんかから見れば小島さんと山田さんの個性の一長一短っていうんですか両方見えた感じがありましたしね。とにかく独りで背負いきれないところを分散するっていうのは山田さんは上手かったですよね。全然競技が違う人からも教えを乞うし、それと高校の先生たちのバレーの技術みたいな、教え方とかってのも取り入れたりしてたからね。別に自分だけのバレーボールっていう感覚はない人だったんですよ。そういう意味ではわたしは素晴らしい人だったなあって思うし、これが俺だっていうのもないし、皆で勝とうっていうところがね。

選手の育て方・育てられ方

あと特にまあ、選手たちにね、テレビとかのバラエティ番組に出すぎだっていう意見が多かったですね。そのへんはどうしてもね。スポーツとしての人気のためにいろいろアレなのはわかるんだけれども、順番としては人気取りよりもまず実力をつけてほしい。それに関連して苦言だったんですけど。リオ出発の壮行会にはファンの人たちもたくさん1000名も集まったらしいんですよ。そうやって集まったのに、オリンピック後に壮行会に行った人たちへの報告がなかったって言ってましたね。ある先輩のところにはしばらく経ってから会長から一通手紙で今回5位になりましたと。これからも精進していきますから応援してくださいっていうようなメッセージのが来てたっていうんですけど、まずすぐにファンの人たちの報告がないのはおかしいみたいなね。で、もっとファンの確保した方がいい。確保したらもっと違う方向でみんなに応援してもらえるんじゃないかと、テレビであんなことばっかりやらないでいいんだっていう話ですよね。

なるほどね。

選手を育てるっていうことに関してはね。今のやり方が違うんじゃないかという意見がいっぱい出ました。エースを外国から連れてきて、Vリーグとか戦っていても、いざオリンピックとか国際大会になるとエースが帰っちゃうんで、結局チーム単位でエースが育たないと。わたしも観に行ったことがあるんですけでど、エースの、外国人同志の戦いなんですよね。だからようするに1チームに1人使っているんですけど、その子たちがただ打ってるだけなんですよ。こっちはレシーブしてトス上げて、打つのはその外国人って感じじゃない。で、それでエースが育ってない状態で、ナショナルチームを立ち上げたら実際にはエースがいないわけじゃないですか。エースがいないんじゃどうしようもないと。これはVリーグってものを、Vリーグ機構をその場を華やかに応援してく為には必要かもわかんないけど、いざナショナルチームとなったらもう何も残らない。ずっと木村さおりがたった一人10年くらいエースとしてやってるわけだしね。

なるほど。いわゆる二番手、三番手の人がエースじゃない状態の人が集まって来ても……。

エースをなんだと思ってるんですか（笑）。それと後は、残念なイージーミスが多かったこと。1本の重みをもっと感じてほしい。レシーバー専門のリベロの子がチャンスボールを相手に、一番いい相手にワンアタックされるようなね。そういうことをさしてしまったりだとか、やっぱし一つ一つの動きがね、やっぱし昔に比べてお粗末なんじゃないのかっていう話がでました。

ここで、わたしがずっと言ってきた持論をぶったんだけど。ロシアのチームってソ連の時代から東京オリンピックからずっとベスト3に入ってるじゃないですか。ロシアはなぜ強いのかっていう事。これは一人一人がパス、トス、レシーブ、サーブ、ブロック、アタックができていて、その中で一番得意なポジションをしているって。日本の場合、得意な一つの事ができる子が6人でやっているという、その違いですよね。だから一番あの、顕著に表れるのがサーブレシーブなんですよ。みんなサーブレジーブが下手ってのは練習してないからなんですね。ナショナルチームになって来ると馬蹄形のサーブレシーブをやってるんですよ。あれはレシーブ力がない子は出来ないんですよね。昔から3，2ていうかね前衛が3人で2人が後ろでサーブレシーブするのを4人でサーブレシーブしてるんですよ。全部を。それはもうわたしたちが考えても難しい事なのに今の子たちがそれをやったらもっと難しいと思うんですよね。

馬蹄形？

馬蹄形なんですよ。

図とか書かないとわからないな。

分かんないですね……専門の本とか見てください。今は外人はそういうのをやってます。去年のロシアの選手はやってました。男子も女子も。だけど、レシーブができない子たちがそれをやれって言ったって前に来たボールとか後ろに来たボールには全然動けない。レシーブって勘なんですね、サーブレシーブは特に。とにかく、もう笛が鳴ったらサーブとサーブレシーブですからね。その瞬間的なそれだけを練習しててもいいくらい。あの最強時代の日立はその練習ばっかりやってましたから。サーブレシーブが上がらない限りはどうにもならない。コンビバレーなんか出来ないわけですよ。今のナショナルチームなんかを見てると二段トスなんかもう相手にわかっちゃうんですよ。どこにトスが上がるかってのが。だから余計にやられちゃうってのかな。サーブレシーブのフォーメーションが日本人の今の選手たちに向いてないと思うんですよね。それなのに、なんであんなレシーブ体形にさせられてるのかわからないけども、それが今主流だっていったらそうかもわからないし、でもちょっとあれはどう考えても納得いかないなっていうのがわたしの意見なんですよね。

かなり戦術的な話ですよね。

昔はラリーポイントじゃなかったじゃないですか、サーブ権が無いと点数にならなかったじゃないですか。サーブをちょっとくらいミスしても失点にはならない……今はサーブはミスしちゃいけないんですよね。1点になるから。サーブレシーブも大きいんだけど。昔より今の方がサーブとサーブレシーブの位置づけが簡単にものすごく簡単になっちゃってるんですよね。そこで凄く点が動くことになったから。相手がミスしても自分たちの点になるじゃないですか。昔は向こうのサーブミスは点にはならないんですよね。点数も25点と15点で多いから余計に時間があるような気がするじゃないですか。でも実際には時間はないんですよね。タッタカタッタカいっちゃって点数が入っちゃうから。昔の方がじっくり出来たんですよ。そんなやりかたもちょっと。まあ時代が求めてるっていうならやればいいんだけど、やっぱちょっと対応できてない。それとね今はボール自体が変わっちゃったじゃないですか。

ボールの構造が？

昔は白いボールで、変化するったって知れてたけど、今はゴルフのボールみたいに小さい穴があいてるんですよね。だから落ちたり伸びたりするのがあるんですよ。そうすると余計にボールが変化するのに、馬蹄形のフォーメーションにするとボールが落ちたり伸びたりするからそれを4人でやるのがすごく難しいんですよ。だからサーブがいいチームが勝つのは当たり前なんですよね。だけど、日本がそこまでサーブがいいかって言われたらそこまででもないし、なおかつサーブレジーブがあんまり得意じゃないとなったら、そこでもう外国とハンディがあるんじゃないかなって思ったって話をわたしはしていたんですね。

あと、ある先輩が言ったのは女性は閉鎖的なところにいるじゃないですか、皆。男性とのお付き合いもないし。監督に限らず、女性は男の人の目が気になって、何故だか知らないけど若いコーチ陣がいっぱいいるってのは、あれは必要あるのかなみたいな。取り合いになってなきゃいいけどねとかね。

へえ（笑）そういう見方があるんですね。変に意識させるようなものが必要なのかなっていう話ですね。

いや女性の目から見たら普通そうですよね。だからいるのかな？　みたいな勘繰りじゃないけど。選手の周りにそんなのがいてどうなんだろうかって事ですよね。それが今回のリオを見た感想ですね。

なるほど。

中国チームの采配

リオオリンピックを見て、何故郎平監督の中国チームが予選４位から決勝リーグで金を取れたかっていう話になったんですよ。これはだから決勝戦の話ですよね。日本のチームの話じゃないんですよ。中国とセルビアのチームのね決勝戦を見た時の話をみんなでしてて、タイムの時にもう郎平さんがあれしろこれしろってゴチャゴチャ言ってなかったなあって。1セット目負けてるんですよね。最初はちょっと中国固かったですよ。でもその時もあまり言わなかった。セルビアは決勝戦で1セット超えたんだみたいな感じで、監督も「俺が監督やってて」っていう雰囲気でしたよ。やっぱり郎平さんは勝たなきゃいけないっていうね。何回も監督やったり自分も出てるから。そういうプレッシャーみたいなのもあったと思うけどね。それでもゴチャゴチャ言わなかった。あれが印象的だったとね。それとやっぱりセッターがよかった。わたしからみると、一番いいのはやっぱりバレーやってる人口も多いし、層が厚いし、一人一人をみてものすごいとは思わないけど、バランスが良かったよね。エースもよかったし、マイナス要素があまりなかったかも知れないですね。そしてとにかく郎平さんが落ち着いてましたね。一方の、セルビアの監督はキャリアがなかったのか、はじめての決勝戦だったのかタイムの取り方が遅かったし、指示の出し方が、まあメンバーチェンジがうまくいかなかったんだろうなって思います。いまさっきの話じゃないですけど速いんですよね。

展開がね。

一気に動くんで、タイムを取るのが2，3点分遅れてるんですよ。前に前に取らなければならないんですよね。1セット目をセルビアが取って、2セット目の3－3か3－4の時にセルビアの子が、ライトからサーブ打って、そのポジションがレフトだったんです。いいサーブだったんですよ。そしたら中国は1本で返したんです。ミスですよね。でもそのボールが前衛の後ろにボトッて落ちたんですよ。サーブ打った子の目の前。前衛の後ろ。両方取れるんだけど誰も取らないんですよ。そしたら一瞬チームがガタガタってなって、タイム取るのかなって思ったけど取らないで一気に3－7ぐらいになっちゃったんですね。

なるほど。

その3－7でタイム取ったんですよ。でももうガタガタは止まらないんですよ。そこから全部3セット取られちゃったんですよね。だからそこら辺がやっぱしかなって、わたしは感じたんですよね。タイムを取るタイミングをこう、逃したばっかしに……かどうかもわからないですよ。それがなくても中国の方が上だったのかもわからないけど。

何とも言えないですけどね。

2セット目取ってるんだから、普通はだいたい勝つ時ってのは1、2取って、3セット目取られて4セット目で勝つのが普通なんですよ。3セット目どうしてもこっちがあと1セットで勝てるっていう気持ちと向こうは後1セット取られたら負けるっていう気持ちで、気持ちが全然違う。だから相手は死に物狂いで来るだろうしって事で、だいたい試合見てると2セット勝って、1セット取られて、っていう。3－0で勝つっていうのも勿論あるけど、チームが緊迫してるゲームやってると大体そんな感じですよね。

あれですかね。わたしが口挟むところかわかりませんけど、中国の側から考えたとき、1で負けてて、2で勢いを取ったら、その時点でポイント的には1－1になるんだけども、少なくとも2セット目で勝った勢いっていうのが絶対あるから。

あとはそこに乗っかって行くんですよね。

そのままポーンといっちゃうって事なんでしょうね。

1セット先取したチームとしては変な安心感があるし。

油断というかね。

予選で韓国と日本がやった時、1セット目を日本取ってるんですよね。1セット目取られて、そのあと3セット取られてるんですよね。セルビアと同じパターン。

それは本当に勝負の運なのかもわからないし。実力かもわからない……。

ＯＢとして出来ることは？

最後に、２０２０年のオリンピックに向けてどうしたらいいんだろうねって話になったんですね。これから監督……誰がやってるかわからないですけどね、まあ監督と協会の意欲だよねっていうのと、まあＯＢたちの結構みんなやっぱし応援に行きたくても「後輩にしらーっとされたら行ってもねー」なんて話になって。わたしたちの思いを受け入れようとしてもらえるなら、どこまでも応援したいっていう話をしてましたね。伝承っていうんですか、役に立てるものならわたしたちが知ってること伝えたいんだけどなーっていう事をみんな言ってましたね。後、各企業がどれだけ選手の強化をするかなっていう事と、これから4年間で、北区のトレーニングセンターありますよね。あそこを皆で使って今回もやれるのかなあって。全国から集まってきますからね。みんなでやれたのが良かったって思うんですよ、どこの企業の監督もね、みんなで協力して体制づくりしたらいいねっていう事だったね。

そもそもオリンピックの歴史の中で、今回のリオは日本の獲得メダル数は史上最多、金メダルも12個。個人競技中心ですけど、いっぱいメダルを獲ったんですよね。そして東京に繋げようっていう中で、女子バレーは今後どうしたらいいかっていう事は本当に気になります。

ですよね。ひとつ先程白井さんがおっしゃっているサーブレシーブの問題で、馬蹄形型の練習だと日本の実情に合わないんだよねとおっしゃってましたが。その合わなさってなんなんでしょうか。

それはだから、ようするに皆そのレシーブができるパスができるブロックできるアタックできるような選手じゃなくて、アタックだけできる、ブロックだけできるって子たちを集めているっていう育て方の限界なんだと思うんですよ。サーブレシーブができる選手がいないっていうわけですよ。基本として全員がサーブレシーブはできるよね。その中で一番アタック出来るのがエースだよね。センターだよね、ライトだよねってのが理想であり基本なんですよ。ライトだけ打てる、ブロックだけできる、レシーブはリベロに任せようねってなったままではメダルは遠いと思うんですよ。

なるほどそこに繋がるのか。あのー、現状で、今世界のトップを争う、中国、ロシア、セルビアとかはそういう風に一人一人の強化っていうのを徹底的にやっている国なんですか？　そういう国は少なくとも落ちこぼれてはいかない。

いかないですね。目標のレベルが高いですから。

でもそれなら尚更奮起したいって思いますよね。だって日本人が昔と比べて色んな意味で体力的にも技術的にも向上してるのは間違いないんだから、そうすると練習方法とかそもそもの考え方やり方が間違ってる可能性があるぞって事を……意識したら負けない筈がないんじゃないかなって。

わたしもそう思いますよ。だけどまだまだ線が細いよね。体の線がやっぱり。わたしたちが昔筋力トレーニングをしたのは、要するにあんまり太っちゃうとジャンプして降りたときに負担が大きいって事で、やっぱり痩せてた方がジャンプできますし。だけどそうなって来ると「ジャンプはできるけど力強さはどこにあるの？」ってなって来るんですよ。だからジャンプもできて力強くてってのがなきゃいけないのに、ジャンプはできるけど、ブロックを突破するだけの筋力はどこにあるの？　みたいな。だから一つだけをこう強化するんじゃなくてすべてのバランス……。バレーボールってバランスなんですよね。バランスがどっかおかしいんじゃないかって言ってるんですよ。レシーブだけ取り上げたって、大きい人がレシーブやった方がいいんですよ。手足が大きいから。それなのに小さい人に任せちゃってるとレシーブの範囲も絶対に狭いですよ。セッターだってそうですよ。大きくて運動能力がある人がやれば鬼に金棒なんですよね。小さい人がちょこちょこ動いて行動が早いのは当たり前なんですよ。そりゃ大きい人と小さい人を比べたら小さい人の方が動きはいいし、だけどじゃあブロックはどうするのってなるじゃないですか。アタックはどうするのって。そこなんですよ。セッターとして見ててもいいけども、だれもが6人の中の1人なんだからセッターとしてだけじゃなくて、アタックも打ててサーブもできてレシーブもできて、セッターもできるっていうのが理想だから、セッターだけ出来てってのは足りないんじゃないのって話をしたんです。だからオールランドプレイヤーじゃなきゃいけないでしょって言ってるんですよ。これが究極の話ですよね。

もっていく方向性としてでしょうね。ただ、僕は素人で口出しするのも変なんですけど、本当に役割が役割として果たされているから、なんとかなってるのも実際にあるんですよね。

そうなんですよ。ただそれを崩したら何もできないっていうのでは悔しいってこと。

もっと中堅の選手でもいいんですけど、白井さんはすごく若い時に……つまり19歳何か月ってとこから次のオリンピックってその時期に、一番成長が出来たっていうか……。

下手くそな時に先輩のプレイを見て来たから。ああ、こういうことするんだ、ああするんだって目で勉強した。視察って言葉があるじゃない、視察っていうのは目で見て察するんですよね。それが必要なんですよ。見るって事が。

なるほどね。

それを今回リオで何故やらせなかったのかなって思ったんですよね。次のエースっていうのは必ず必要なわけですからね。今回連れて行った中で次のエースになる子、誰も居ないじゃないですか。

そういう事ですかね。

４年後に活躍する子が。今は下手だけど4年後化けるかもし知れないよっていうのをね連れて行かなきゃ駄目だったと思うんです。まあ今更ですけどね。

結局基本はレシーブですよね。そのレシーブをどうするかって事ですよね。サーブとサーブレシーブこれを完璧にやらないとそれ以上の事はできないでしょうね。レシーブが上げてトスをあげた状態で打つってことなのに、レシーブが上がってないんだからアタックの練習をしても意味がないんですよ。

なるほど。

アタックの練習はしてると思うんですけど、レシーブが上がらないとトスも上がらないわけだから、いい状態しかトスを上げてない、そういうボールでしか練習していなかったらそれはちょっと無理だと思いますよね。

あれですね。これ全然違う例えでしょうけど、学校の勉強なんかも一緒で絶対上位にいた人間がちょっと落ちて来た時にやる勉強法と、下積みの人がやる勉強法はまったく違うわけで。

勉強はわからないな（笑）。

なんとかしてね、今、実際の順位が下にいるわけですから……。

下にいると思ってないんですよね。そこが問題なの。ファンも今は勝てないけどもいつかはやってくれるってのもあるだろうし、日本は強いんだって勘違いしてる人もいるし、危機感ないですよ。

そういう事ですよね。それでも勝てない事は事実だから。

人気はあるからこのままいってるみたいなんですよね。

でもそれでニガイこと言ったら、強いと思ってる人が聞いたら何言ってんだってなるから馬鹿臭い事ですよね。

バカみたいな事言ってるんじゃないよって。

だから本当の意味での伝承って、なんていうんでしょうか、例えばボリショイバレエ。バレエの昔のプリマドンナ、太っちゃったおばあちゃんがね、だけどわたしがプリマドンナよってて人が来て、当時の写真なんか見たら素晴らしい綺麗な人が来てね。今はおばあちゃんで立ってるか座ってるかなのに、でもその人が来る事で本気で感激して練習するわけですね。

そういうのは今ないもんね。

それが伝統ってもんですよね。

それがないんですよ。前から言ってるように日本人たらおかしいけど、今の子とどうかわからないけど、未来は見ても過去はみないって。本当ですよ。それですよ。でもどのシーンでも言える事ですよ。テレビ界でも言える事ですよね。どの業界でもそうじゃないですかね。伝統を守る歌舞伎だとか能だとかああいうのだけ残ってるわけでしょう。それをやらないと生きていけないものは。

でも一緒なんですよね。

一緒だと思います。

なんか商品を作るのに、いわゆる職人の世界で、一つの鍋やかんを作る技術だって本当はね。だけどコンビニのものができちゃってプラスチックのものができちゃって……伝統は捨てられ

たらいけないんだけど。少なくとも女子バレーに関しては伝統が生きるべき分野だと思いますね。白井さんの話を長く聞いてて。

東京オリンピックであれだけ盛り上がって、それからママさんバレーがあって、まだ廃れてないですからね。みんなバレーボールが好きなんですよね。

第8夜

こぼれ話あれこれ（2017年3月23日）

ずらりならんだミュンヘン・メンバー

ストッキングの話

その昔ね、カンカンっていうストッキングがあったんですよ。もう、ビューッと伸びるのよ。

ああ、引っ張ると？

引っ張られるとピューッと伸びるの。だから穿けたんですよ、それを。

うん、ちょっと最初っからもう一度聞きたいんですけど。

はい。

ミニスカートが大流行した時代があって、白井さんもそれを穿こうと……。

いやそうじゃなくて、要するにそのミニスカートの時代だから遠征用のスカートもやっぱりミニだったんですよ。写真も残ってますけど「ああこんなミニ穿いてたんだ」って思うんだけど、結局ストッキングを穿かなきゃいけないでしょ？　靴を履くわけだから……日本人って外国に行ってもそうだけど、あの日本人と外人の違いってストッキングなんですよ。

なるほど……。

今はねナマ脚なんていう言葉も出来たけど、昔は外国に行ってアジア系の人を見た時に「あの人は日本人だな」ってわかるのはストッキングね。脚を見てストッキング穿いてると日本人なの。韓国人とか中国人もいるわけだけどみんな穿いてない。

そうでしたっけ?

そうよ。だからとにかくストッキングを穿くわけだけど、買ってきてぐーっと伸ばすとバリっていっちゃうんですよ。そんなに安いものじゃなかったですからね、あの当時は。46年くらい前の話だからね。

ミニスカートが流行ったのって1967、8年ですよね。

そうツイッギーが来てね。それで大流行になったから遠征用のスカートもミニで、ストッキングが必要になるんだけど、こんな身長の人用には作ってないから……。

引っ張ると破けちゃう。

そう、それで困るんだけど、唯一レナウンのカンカン……。

カンカン?

あれだけが伸びるわけ……ぴゅーっと（笑）。だからふつうは古くなったら新しいのを買うじゃないですか。わたしの場合もう替えがなくなったら困るからって何足もこう……。

買い溜め……。

買い溜め！　買い溜めして大事に穿いてましたよ。

ふーん。人知れぬ苦労話ですね……。

でも男の人でも靴の苦労はあったみたいですよ。運動やってる人で足が30センチとか32センチっていう人が居るじゃないですか。そういう人たちは国立かどこかにアメリカの軍人用の店があって、其処に行って運動靴を買ってるってよく聞いたことがありましたよ。

白井さんは足って何センチですか?

26……です。

そんなに大きくないですよね。

まあ大きいけど、身長の割にはね。今だって25・5くらいまではそこそこあるらしいんだけど26になると……がたっと減りますよね。でも夏物の、先っちょがあいてる靴なら25・5でも全然オッケーです！

ご苦労なさって来たんですね。

そうなんですよ、靴も外国に行った時に何足か買って来るけど、やっぱり流行ってあるじゃないですか。それと足の形も変わるから……2000年に殿堂入りした時にニューヨークに行ったときにフェラガモに入って「足が大きいから何足か買って帰ろうと思うんだけど」って言ったら店長が出て来て「いや靴は1年に一回、一足ずつ。足の形が変わって来るし特に年配になって来ると無駄になっちゃうし、無理して履くと体がのほうが歪んできますから……」とかって言われて。

へえー、お客は買う気まんまんなのに（笑）。

いや若い時は何足も買って帰ってましたよ。そのころは履くことも無いんですよ、滅多に。

洋服はどうだったんですか？

洋服も……結局は手足が長いから、とてもじゃないけど普通のは入らないでしょ。作るしかないでしょ？

自分でお作りになるんですか？

まあ買って来てね。なんとか直すしかない……でも、現役の時はもうトレパンでオーケーじゃないですか。出かけるときは会社でみんなでお揃いの服、自分の服を着て行くっていうと負担になるじゃないですか、個人の趣味とかセンスもあるわけだし、それだったらもう揃えましょうっていうことで揃えてくれたこともあったけど……これはねえ、普通の人がちょっと想像できないっていうか、横に太って着るものが無いっていうよりも、不便ですね。

長さ的な……絶対条件っていうのがね。

だから、夏物はいいんですよ。何とかなる……とにかく、今はこうして大きい物もあるようになったしね。男物も女物もあまり変わらなくなったけど、昔は既製品は辛かったですよね。ジーパンでも切ったことは無いですよ、足すことはあっても。横に合わせて丈、丈に合わせて横ってあるじゃないですか。とにかくズボンを買ってきて切るっていう感覚は無かったですよね。ホント洋服はね、今でも困るんですよね。

卵をぶつけた話

ちょっと、あのーこういう話はどうかと思うんだけど……。

なんですか？

倉紡にいた時にね、ユニチカが合宿に来たんですね。その時わたしあの、サーブがもう全然入らない。ようするにあのゴルフで言ったらイップス病みたいな状態で……。

ああ、短いパットが入らなくなるあれですね

とにかく、サーブが全く入らなくなって……ネットに引っかかるわ、オーバーするわで。自分がその順番になる……ぐるっと回ってバックからこう入って前衛に行ってね、ライトに行ってそれからそのサーブの順番が来るのが怖くて、怖くて。

なるほど重症ですね。

それでその合宿中に白井監督が「今からの試合でサーブのダブリ1本につき100本居残りだ」っていう話になって。それで居残って何百本も打った記憶があるんですよ。その夜はすき焼きだったらしいんですが、わたしは一人残って1本ずつ数えながらこう打って夜遅くまでかかったのを覚えてるんですよ。それで終わってかごにボールを入れて部屋に戻ったらマネージャーがおにぎり作ってくれてたんだけど、でもすき焼きはもう無かったんですよね（笑）。

サーブが入らなかったのは白井さんだけ？

そう、わたしだけがサーブが入らなかった。それで何百本も打って……でもそれからサーブがけっこう得意になったんですよ。イップス病イップス病なんて言ってそのままにしてたら駄目だったかも知れないですよね。

でも、すき焼きを逃した……。

そう、悲しかった（笑）。だけどそれが原動力になったのかもね。

その頃の事……ほかにどんなことを覚えてますか？

あのね、わたし今はこんなに良くしゃべるんだけど昔は全くしゃべらない、なんて言うのかな。みんな先輩ですから自分の意見なんか言える立場じゃなかったんですよ。下手だったし、やらされることが一杯でいっぱいいっぱいになっちゃってて、それである時合宿所の冷蔵庫から卵を何個か……あの……。

失敬して？

うん、それで壁にね。寮の壁にボコボコ投げたんですよ。

ああ、壁にぶつけた。

そう、だけど卵ってすごいにおいがするんですよね。そしたらマネージャーがそれに気付いてわたし呼ばれたんですよ。それで「ちょっとビック……」ってすごくやさしく言われたんですよ。「気持ちは分かるから今度イライラして何か物を投げたくなったときは卵だと食べ物だし片づけるの大変だから欠けた茶碗を取っといてあげるから」って……やさしく言われた。「でも茶碗も大変だけどね……」って笑って。

いやー逆にそう言われたら……。

もう、ぶつけられなくなる。そして自分の中でなんていうんですか、自分で気持ちを整理するしかないんだなァって。

うん、うん。

わたしまだ10代だったから、やっぱその。自分で決めて高校辞めていったんですけども、体力も筋力も出来て無くて、でもエースってことで。ほんとにとっ散らかってたんですよね。そういう時に誰かが気持を察してくれたっていうのが本当に嬉しかったんですよね。

プレッシャー……。

プレッシャーは無いです、プレッシャーなんて言葉も無かったし。自分の出来る範囲でやればいいって思ってたから……。あの、緊張するとかね試合前に緊張するとか言ってますけど緊張ってのは自分が１００でいつもやってると思うから緊張するんですよね。１００出来たことが本番で１００なんて絶対出来ないんですよ。60か70か、やれても80なんですよ。だからふだん１００じゃなくて１２０のパフォーマンスで頑張ってないと本番で１００は出ないんですよね。緊張するっていうのは、ふだん100で自分がパフォーマンス出来てるって思ってるから本番で100出ないことの前に自分であおられちゃうんですよね。出来なかったらどうしよう、これ以下だったらどうしようって。もともとせいぜい80しか出ないものだっていう前提で不断を高めてなきゃいけないし、そうやってたら本番で緊張する理由もなくなるんですよ。たしかによく質問されました。「緊張はしなかったんですか？」とか「緊張した時どうしてましたか？」とか。まあわたしの場合は試合前に緊張してるほうがいい試合が出来たっていう経験もあるんですけども、緊張しないでやってるといい試合じゃなかったみたいなこともありました。それは緊張っていうのと違うのかな。わたしはいつでも苦境に立たされていましたから、どうして駄目なんだァみたいにいつも怒鳴られてて。要するに誉められて育ってないんですよ……怒られて怒られて。

期待されてますからね。

うーん、わかんないけど。昔は「誉めて育てる」なんていう認識ってないですよね、まず。怒られるのが当たり前で、怒られないようにどうしようかっていうことしか考えていなかったのね。怒られないように頑張ろうっていうのが先生と自分たちとの距離感だったんですよ。だから今の子たちは何言ってるかよくわかんないんですよ。「わたしは誉められると伸びるんだ」とか（笑）。

甘ったるい（笑）。

生ぬるいんだよね。それで本当に伸びるんだったらそれはそれでいいかも知れないけど……。伸びやしないよね。

今は失敗がみんな怖いからじゃないですか。

だって失敗しなかったら前には進まないでしょ。失敗が成功に導いてくれるから前に進むんじゃないんですか。前にハードルを跳ぶ話をしたと思うけど、自分でぶつかって失敗して分かるって言うか、全力でぶつかっていった時、その結果が失敗だったかどうかなんて後から分かることじゃないですか？　最初から自分で自分を評価して、わたしには出来そうもないとか言ってないでやってみる、それしかないんじゃないですか。

白井さんはいつもぶつかっていった……。

まあ……でも確かに無鉄砲なわたしだったからこそやれたっていう部分もあったかも知れないですけどね。自分で決めちゃってたからいつも追い込まれてたし、どっちにしたってやるっきゃないっていう、やんなきゃしょうがなってていうことで。それで自分でも周りに対しても強引になっちゃったっていう……。

なるほどね。

それとタイミングっていうのも大事なのかな？　わたしの場合、事を起こすのはだいたい6月なんですよ。バレーボール自体を始めたのも6月だったですし、高校をやめで実業団に入ったのも6月で、日立に入ったのも、正式に引退したのも6月なんですよ。

偶然の一致ですかね……。

何故なんでしょうかね。自分の誕生日の前あたりにもぞもぞしちゃうんですよね。まあよくよく考えてみるとね、世の中ってみんなスタートは4月じゃないですか。だいたいにおいて終わるのは3月ではじまりが4月。でもわたしは6月、ちょっと人とずれる、考えるのに時間がかかる……その代わり爆発力が大きい、みたいな（笑）。

なるほど（笑）。

周恩来の話

あと、もう一つこの時代のことで思い出したことがある。わたしね、周恩来と会ってるんですよ。20歳のときに。それはちょうど20歳になる直前に全日本が男女とも北京に合宿に行ってるんですよ。それは1972年の7月ですよね。その年は10月に田中角栄と周恩来の日中国交回復の調印があるっていう、その直前にまだ国交のない中国に行ってるんですよ。そこで中国のチームも全員で集合写真を撮ろうというときに周恩来さんが来てくれて握手してくれてね。そこで声をかけていただいたんだけども、わたしの手をしっかりと握ってくれてね。「次は君の番だよ！」って言ってくれたの。

それは日本語で？

日本語でした。彼は日本語がしゃべれるんですね。ちょっとうちの父に似てる感じの顔立ちで、体も大きいし、よく似てる感じで親近感が湧いて。だからその言葉はうれしかったですね。

当時の中国のトップですよね、そのあとの日中国交回復の立役者の周恩来に「次は君の番だ」って言われた……凄いじゃないですか？

1972年。日中国際バレーボール交歓試合。周恩来首相と。

そうなんですけどなぜか嬉しくない。だってその時の自分の中ではやめるつもりでいるんですよ、だから嬉しいんだけど嬉しくない……みたいな複雑な心境でした。周恩来さんはそんなこと分からないはずなのにね。熱い言葉をかけてくれたんですよ。

贅沢な話ともいえますね。

その時はまだ国交もないから、香港から電車で何時間もかけてパスポートの検閲なんか途中で受けながら北京へ行ったんですよ。それで帰りはもうわりとスムーズに帰ってきてそれで7月18日に香港で一泊になって、それがちょうどわたしの20歳の誕生日だったんですよ。あの頃の香港の百万ドルの夜景を見ながらの誕生日。それで島影（せい子）さんとか先輩たちが誕生日おめでとうって部屋に来てくれて、普通部屋割りっていうのはキャプテンと一番下、背番号で行くと1番と12番、2番と11番、っていう組み合わせに決まってるんだけどその日はもう最後の日なので、上から一斉に1と2、3と4、っていう風になってわたしは若手同士でね。その部屋にタバコとお酒を持ってきてくれて、まあタバコはダンヒル、お酒はジョニ黒ね。

昭和の定番ですね。

定番、定番（笑）。それを持ってきてくれて、さあ成人だって。でもお酒なんて飲めないし、タバコも吸えなんて言われて「うえー」ってなって、先輩たちがそのまま持ち帰りましたけどね。

でもお祝いをしてもらえてよかったですね。

その日は完全にオフで練習もないし本当に幸せな誕生日でしたよ。

この出来事って1972年の7月、オリンピックの直前……。

ということはこの時の自分の胸の中、心の中ではもうやめるって決めているしまあこの合宿にいくときにはこれが終わったらわたしはもう引退って決めてるわけだから。

誰にも言ってないけども。

言ってる言ってる。そりゃもうみんなにはこのオリンピックが終わったらやめますって言ってるんだけど、しょっちゅう言ってる話でもないってこと……。

でもやるのかなって思ってる人もいたりとか。

まあそうですね。

なるほどそういう気持ちの真っ只中に「次は君の番だ」ってハッキリ言われて。

そう。だから言葉は嬉しいんだけどちょっと残念な気持ちなのね、自分の中では。「よしわたし頑張るぞ」じゃなく「嬉しいんだけどなー、テンテンテン」ですよ。

すごい話だね。相手が周恩来っていうのがすごいね。

オーラのある人でしたよ。

身長は白井さんよりは小さいんですか？

えーと、どうだったかな。小さい人じゃないです。同じくらいだったかも知れないですね。だけど存在感がありますから、大きく見えたっていうことはあるかも知れないです。姿勢もこうビシッとしてますしね。

周恩来は香港まで来てくれたわけじゃないでしょ。

まさか、北京の話です。

この時の主なメンバーはユニチカでいいわけ?

だから、ミュンヘンに行くメンバー。ユニチカ中心のナショナルチームですね。

当然小島さんだよね。小島さんの回想録みたらいっぱい書いてあるな。

うーん、周恩来さんの話は出てたかな? そうそうあった。ボール拾いをする時、わたしたち声出してやってる時に、中国の選手はボーッと立ってたとかなんかで、すごく怒られたんだっていうような事いってましたよね。もっとこう覇気をもってやれとかって。

日本人を見習えと。

ただその、すごい大きな体育館でね。何万人も入れる大きな体育館なんですよ。それで向こうは今回はバレーの試合がある。今回はサッカーの試合がある。そういうときに町単位で券をもらうらしいんです。

へえー。

みんなトラックで来るんです。会場に。それでその体育館っていうのはすごく大きいんですよ。試合始まる前に監督と一緒に階段一番上まで上がって体育館が広いから天井がもう無いんですよ。無いったらおかしいけど、そのぐらいもう大きなところなのね。ちょっとその感覚を知るために走って一番上まで行けと。で階段を上って行ってコートを見たらほんとうに小ちゃいコートなんですよ、上から見ると。それぐらい体育館は大きかった。

それで、皆が、何万人って人が見てるわけ?

それがね変な話ね、その最初に行った時はその観客の大群衆が拍手するわけでもない、ジーッと観戦して。向こうの観戦の仕方知らないもんね。ジーッと黙ってみてる。怖かったですよ。それから何が驚いたかっていったら、終わった後、わたしたち着替えるじゃないですか。それで夜でしょ。電気もまるでないんですよ。その何万人もどっかから来てるわけですよね。券をもらって。その人達自転車で来た人もいるわけだろうし、でも自転車も一台もないし、電気もないんだよ。

へー。

それで誰も残っていないの。何万人が一瞬にして消えてるんですよ。統率力っていうか怖かったですよ。その印象が今でも強く残ってます。何なんだろうこの国はって。

どこに行ったんでしょうね。

だからトラックの荷台にみんな乗っけて、村に帰ったんですよ、きっと。どこのこの村から何人、どこどこの村から何人、今回の日中戦の券が当たった人は来てるわけですよ。番号が付いてるかどうか分かんないですけどバーっと乗ってバッと帰っちゃってる。何万人が。すごかった。あれは驚きましたね。びっくりした。

それで試合は黙ってジーッと見て……。

拍手するわけでもなく（笑）ヒーとかキャーとか言う訳でもなく。とにかく沈黙……これが20歳の時だったんだけど、二回目に23ぐらいの時に行った時はちょっと……。

変わってた？

バレーも少し強くなって来てたしね。観戦の仕方も分かって来てたから拍手があったりっていうこともありましたけど……あの最初の、国交がある前の大会はちょっと。

手探りだったんでしょうね。たぶん向こうも。国交っていうあれがないからね。

見方がわかんないからね。

ふーん、面白いなぁ。でも、そういうまったく国交のない国のトップにいきなりそうやって励まされた白井さんって言うのも……。

それはその時に、セットの終わりぐらいに、わたしが何本か打ったのを見ててくれたんでしょうね。

凄いなー。

とにかく何もかもが凄かったですよ。空港に行くあいだ何キロか、何十キロか、だいたい道がまっすぐ、すべての道の信号が全部青なんですよ。すごいなーって、ずっと走ってて、赤で止まらないんですよ。一度も。不思議に思って北京の町の方に入って、すごいねこの車。信号に合わせて走ってるんだって思って聞いたんですよ。通訳さんに。そうしたら国賓だから全部青にしてます。青になるようにコントロールしてますって。ちょっと怖い話でしょう?

怖いですね。

あとね、食事ですよね。わたしたち結構食べるんだけど、それでも食べきれないほどテーブルに載るんですよ。だから食べきれないって言ったんですよね。食べないと後輩が全部食べなきゃいけない。残すなっていう事で。でも食べきれない量なんで食べられないって言ったんですよ。そうしたら、日本から来たこういう国賓の方をもてなすのに何が好きか分からないからいっぱい出すっていうことだったらしいんですよね。中国人はこれ好きだけど日本人はどうなんだろうってあれこれいっぱい出してたらしいんですよ。だから勿体ないって思ったけどそれぐらいわたしたちは歓迎されたんでしょうね。

スポーツ外交ってあるけどそれじゃないですか？　緊張緩和のために大きな仕事をした……。

その後は、パンダ外交で。主役はパンダに取られました。だから2回目に行った時はもう普通の料理になってましたよね（笑）。

もうわかったんだ（笑）。

でも菊が入ったスープが出たんですよ。で、通訳の人に「おいしかったですか？」って言われて。「菊ってのは最高の料理なんですよ」って言われて一通り食べた後で「何が入ってたんですか？」って聞いたら「蛇です」って（笑）。

ええー⁉

うわー、要らない……でも食べちゃってるから（笑）。菊が上に載ってるって事は蛇が入ってますよっていうことだって説明されて、それ以来「菊入ってないよね」って。向こうは最高のおもてなしをしてくれるんだけどこっちはね。食べた事ないもの出されても困るから……これなんですかって訊くようになりました。

2回目行った時っていうのは、これは何の時ですか。

2回目の時は日立と松下電器が一緒に行ったと思います。

そうか。日立として行ったんだ。

日立として行って、男子が松下電器。それで一緒に行きましたね。

やっぱり親善試合みたいな形ですか？

親善で、行きました。

親善試合の外国でのあれっていうのは、時折あったわけですか？

他はどうか知りませんけど、日立っていう会社を背負ってるんで、男子はナショナル……松下電器を背負って行く、みたいな。向こうが日立を呼んでくれって言ったんじゃないですかね。政治的な事とか会社的な事はちょっと分からないですけどね。キューバの時もそうですよね。

キューバもそうだったんですか？

キューバもやっぱりそういう形で「何がお望みですか？」って言ったら「日立のバレー部を呼んで欲しい、一緒に親善試合をしたい」って。わたしたちは政治的な事って知らないから。でもキューバも2回行っているんですよ。オリンピックの前と後に。

そういえばこの話あまり詳しく聞いてませんでしたね。審判がかなり不公平だったというアレでしたよね。

それはオリンピック終わった後のほうね。金獲ったあとだから。金メダリストをやっつけたら自分たちは本当の世界一っていう単純な発想ですよね。

そうか。その時はね。

4試合っていう話だったんだけど、1試合目は3：2か何かで負けて、次3：1で負けて3：0で負けたんで、4試合目はボイコットしたの。わたしと松田さんと二人で。もうわたしたちの時代じゃないって。それでそのまま引退しちゃったんです。

なるほどね。

キューバの遠征がわたしの最後の試合だったんですね。

幕引きと言うかね。

ワンタッチルールがなくなって、サイドのネットが違って、上から打って来るって言うのかな。これはもう無理だって。まずもう体が悲鳴を上げていたというのがありましたからね。目標が24歳だったわけだから、その後は余力でちょっと頑張ってただけだから、またその4年後っていうのはもう気持ちの中になかったんですよね。他のチームが強くなって来たって言うのもあるしね。

なるほど。話は戻りますけども結局オリンピックと関係の無いタイミングだと日本にはナショ

ナルチームは無いわけだからキューバのほうは日立であるとか、ユニチカというふうに企業にオファーするしかないという事になる。

そうですね日立としては受けて立つということですね。

国家がオファーをよこすわけだから、一つの企業としては相当名誉なことになるわけですよね。

一応会社員ですから、広報と言う役目もあるわけで。それを背負ってバレーをやらせてもらって給料もらってるわけですから。監督にしたって予算をもらっている限りはスケジュールが合えばね。行くのは当たり前ですよね。会社の利益だから。

そうですよね、まあ何もしなくても大宣伝になってるわけだからね。でもそうか。最初の1回目のキューバは問題なかったわけだよね。オリンピックの前のキューバは。勝ったんですもんね。

そうですね。その時のキューバはそんなに強いわけじゃなくて、わたしたちも上り調子でしたから。その時は日本リーグの最中に行ったんですよね。日本リーグの最中なのに、前半と後半の間、2週間ぐらいあるんですよね。その中の日程を組んで時差もあるのに強行スケジュールで行ったのを覚えてますね。

そうか。日本リーグ真っ最中の2週間を使って。向こうでは本当にもう、混んだスケジュールで何試合もやって……何試合やったかって覚えてます？

覚えてないです。覚えているのはね、ホテルでお湯が出ないんですよね（笑）。そういうのは覚えてるんですよ。それで、塩水なんですよ。塩が下のバスタブにね、溜まるんですよ。シャワーだけだからね。髪の毛を洗っても泡が立たない状態。体育館のシャワーだったらどうなんだろうって、やってみてもやっぱり一緒でね、もう水ぐらいしか出なくて、そういうのを覚えてますね。

過酷ですね。

後は食べ物ですよね。果物も何もなくて、何か果物を食べたいって思って。お金を出すから出してくれってホテルに言ったらお金を頂いても果物がないって。

ないんだ。

ないんです。だから結局、コーディネータの人が、船をチャーターをして、メキシコまで行って、向こうから一籠買ってきて。それを食べたっていう。向こうは主食がジャガイモだし、デミタスみたいなコーヒーカップに半分くらい砂糖を入れたコーヒーですから。

うわー。甘ったるい。

甘ったるくて飲めやしないみたいな。お肉はカチカチのお肉だし、わたしたち運動やって何が楽しみって食べるだけじゃないですか。それがもう……。キューバは食べ物がきつかったですね。

これは2回目も？

2回目は覚えてないんですよ。2回目の時はもう覚悟して行ってると思うんですよ。だからお米持って行ったり、色々したんじゃないかなって思うんですけど……。でも食べ物のことっていうより2回目は体がきついから覚えていないですね。

それどころじゃなかったですからね。

他に印象深かった国はどこですか？

ソ連は毎年行ってましたよね、日ソ戦があるから。日ソ戦があるのは日本では愛知と東京体育館でやるんですよね、毎年6月ぐらいに。で、行くのは何月ぐらいだったろう。その時によって違ったのかな。場所はレニングラード（ペテルスブルグ）だったりモスクワだったりでしたけどね。

観光とかはなかったんですか。

帰る前に多少あるんですけど、ほとんどバスで移動ですから寝てますよね。日本に帰ったらすぐにまた練習しないといけないし。時差があるから。観光は連れてってくれるんですよ。でもほとんどね。買い物とかもあった気がしますけど。お金があるわけじゃないしね。ちょっとしたお土産ぐらいだよね。空港で買ったりとか。でも、ボリショイサーカスとかは見に行った事がありますね。

サーカス見てても寝ちゃったりなんかして（笑）。

そこで食べたアイスクリームが美味しかったなあくらい……かな（笑）。食べ物の記憶しかない（笑）。他の人は色々あるんだろうけどなあ、わたしはそういうことしか覚えていない。万里の長城に行ってもなんでこんなの作っちゃったんだろうって……。

いいんじゃないですか（笑）。それが実感だったんですから。

万里の長城も行くたびに行くわけじゃないですか。向こうの人たちにしてみれば世界遺産ですから。二回目はわたしはパスしました。向こうに行くと必ず香港に立ち寄って、タイガーバームの御殿とかね、必ずセットじゃないですか。一回行けば十分だから、そういう時は「わたしはパス」って宣言してホテルで寝てました（笑）。

第９夜　いままでと……これから……。（２０１６年12月15日）

2000 年。バレーボール殿堂入り。
大松監督の奥様。リスカル選手らと。

前も言ったかも知れないけど、10代の時ね。練習してる時にね、小島さんから税金泥棒って言われたっていう話。

はい伺いました。

それがずっとどこかで骨身に沁みてるって言うんですか、国民の血税でやってる限りはそういう答えをどこかで返さなきゃっていうのがあったんですよ。やるからには、オリンピックでもなんでも日の丸を背負う限りは成績を上げなきゃならない、結果を出さなきゃならない。だからあの「税金泥棒」って言う言葉はすごくわたしにとってショックでしたよね。

響いた……。

響いた響いた。税金っていうものは国民の義務だよね。そういう一生の義務を背負うために15歳までは義務教育を受けさせて貰っているんだって、わたしは母親からそう教わったんですよね。それを受けているからお返ししなきゃいけないんだっていうこと……。

昭和……ですね。

昭和昭和。三丁目の夕日じゃないけど。だから、今の若者に言いたいのは、やっぱり自分が育って来る中で周りから社会から国から色んな恩恵をもらっているんですよ。自分は恵まれてないとか不公平だとかそういう文句を言うけれども、先ずタダでもらえる物なんて本来無いんですよ。だからそれをちゃんとお返ししなきゃならない。社会に出たら何らかの形でお返しをしなきゃならないんだっていうことを考えていなきゃいけないって思いますよ。年金っていうのもね、わたしが昔から思ってたのは、自分が将来もらうためにかけてるんじゃなくて、自分が働いている今、昔頑張って働いてたお年寄り、今はお疲れ様でしたっていう先輩方を下から支えるのが年金だって思ってましたから。わたしはその頃から、自分が年を取ってお金もらうっていう時には年金はもう無いんだろうなって思ってました。

思ってたんですか、そんなこと。

思ってた。団塊の世代ですからね、自分たちが多いわけだから。この先、自分たちが年をとったときにこれからの人がわたしたちを支えるだけの力は無いと思ってたから。まあ実際そんな形になりましたね。

それをご自分が若い時に？

そりゃ分かってましたよ。だって年金は自分のためにかけるものじゃないって思ってるわけだから。その時の老人、高齢者を支えるものだって思ってたんだから。高齢社会になるって言われてどんどんそうなって来たわけでしょ。この先はないなって思ってた。まあ、かけた分ぐらいは返って来て欲しいなとは思ってたけど、昔の人みたいにかけた分の何倍も生活できるような世の中ではいられないだろうなって。だから自分のことは自分でやんなきゃいけないし、自分の将来を先行きの若者に託しちゃいけない。それはお互いに酷な事なんだっていうふうに思ってました。だから、最近のテレビやらで言ってる話を聞いてると、年金は自分の将来の保証の為にかけてるんだっていうようなことを聞くとなんかちょっと違うんだけどなあって思いますよ。

でもそういう事以上に、お金っていうものがそのままあるんじゃなくて結局いじるわけでしょ、誰かが。そういう権利があるかどうかわからない人がいじって、まあ国だか、年金機構だか分からないですけども勝手に運用して失敗してパアにしてしまったりしてるわけでしょ？　信用できない状況になっちゃってるんじゃないですか。

だから、そういうことが起きちゃったから、みんな自分の身を守るために年金に頼らずにやって行かなきゃって余計思うようになったんでしょうけど。もともとの意味を考えたら若い世代が減って基になるお金が無いんだからどっちにしたって成立しないんですよね。でも、正しい考え方、本来のかたちはハッキリしていないと崩れるんじゃないんですか？　自分のためにでなく、社会に対して返す義務があるんだっていうことを。

確かに。若い時からいろいろ考えていたんですね。

そうだよね。でもこれって要するにホラ、わたし団体スポーツをやってたから分かるんですよ。一人ではやれないんだっていうことが……。

はあ、なるほど!

誰かがいるから……先輩がいて、先輩にはその先輩がいるから。その人たちの流れで今があるから。同じ理屈でいうと、今わたしがいるのは親がいて、おじいちゃんおばあちゃんがいるからっていう。ご先祖様がいるからわたしがここにいるんだっていう実感があるんですよ。それであの、わたしがここで子供を産まなかったらそこで終わるわけですよ。ずっと続かせたいんだったら……子供が欲しくても生まれない人もいるんだからこういうたとえはあれですけども、要するに自分の先を自分が何とかしなければっていうことですよ。一人で生きて来たわけじゃないし、みんなと一緒に生きて来たわけだから。わたしのモットーは「とにかくやろう」ってことだけど、それは「みんなでやろう、みんなで仲良くやろう」っていうことなんですよ。

でも、みんなで分け合うって難しいですよね。

まあそうね。あのバブルの時代に、バブルが弾けたあともそうですけど、お金のことってとにかくみんな感覚を麻痺させられましたよね。誰だったかファンドの人で「お金儲けはいけないことですか？」って言った事がありましたよね。あの時わたしがパッと思ったのは「お金儲けは悪いことじゃないけど、悪いことをしてお金を儲けるのは悪いことだろう！」っていうこと。そんなのハッキリしていることじゃないですか。悪い事っていうのは他人を裏切って他人に嘘を吐いて他人を出し抜いて自分ばかりがわがまま勝手をすること。それをやったから逮捕されて裁判を受けているわけじゃないですか。なんでこの人はこんなふうに開き直れるんだって驚きましたよね。そこにいた記者とかに向かって言ったんですよ。「金儲けをするのは罪ですか？　悪いことなんですか？」って。

ありましたね。

それで、そんなことを言われたら誰だってみんな分かるじゃない。だからわたし言ったんですよ「おとななら、はっきり言えよ。言ってやれよ！」って。だけどそこにいた誰一人が反論しなかったんですよ。それを観てて「あー日本はもう駄目になるな」って言ったんですよ。

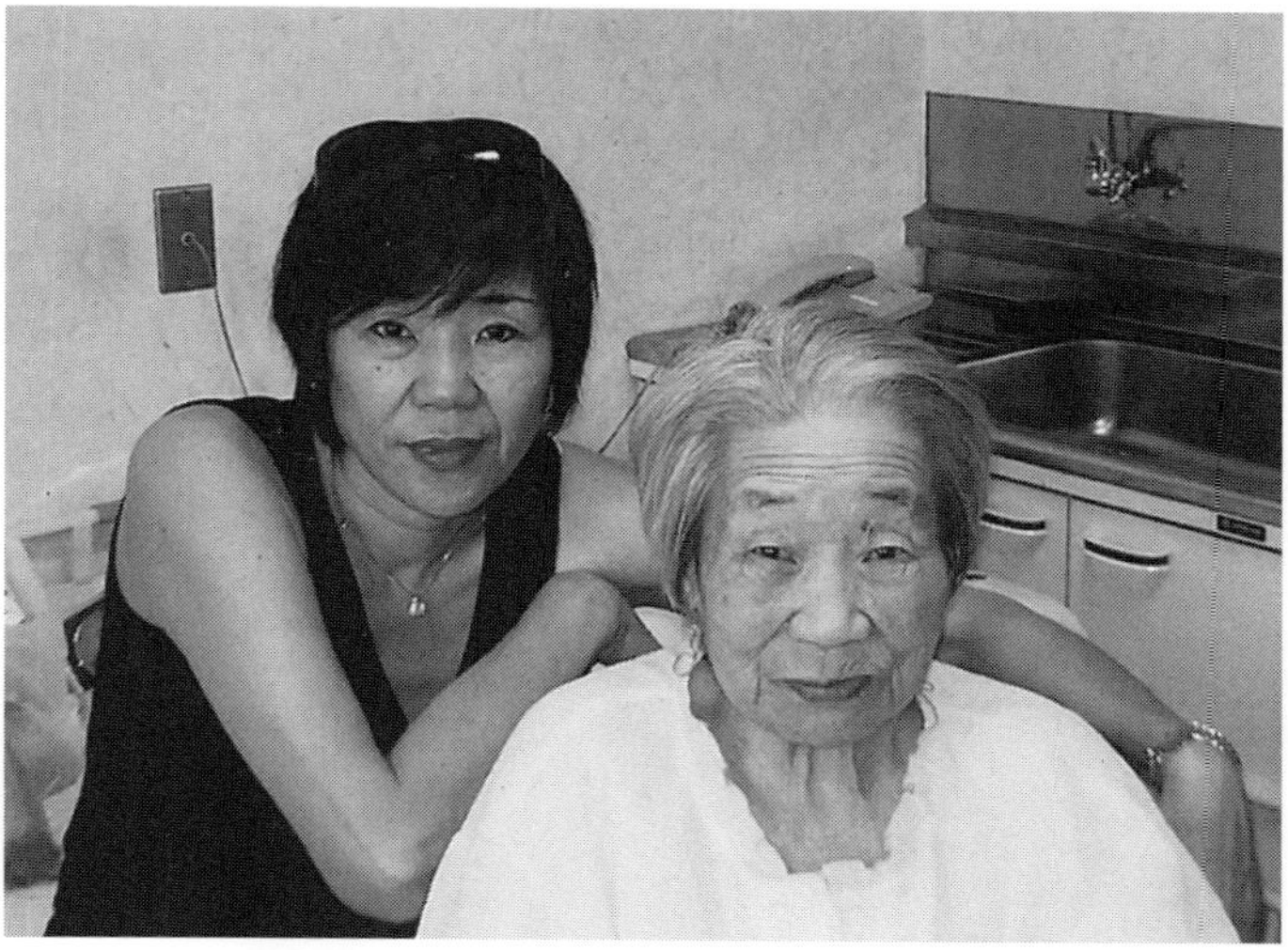

母の言葉はいつも胸に刻まれています

テレビに向かって？

言った（笑）。一人だったから（笑）。「言えよ」って「誰か言ってやれよ」って。「悪いことして金儲けしちゃいけないんだよ」って……でも誰も言わなかった。まあ今興奮してもしょうがないんだけどさ（笑）。

でも、さっきおっしゃった「みんなで汗を流し合っていくことをスポーツから学んだ」っていうのは大きなことですよね

だからね。みんなでやることだから間違ったことを言う人もやる人も出て来るんだけども、そのときにそこにいるみんなが「違う！」ってはっきり言う。それが言い合いになってもみんなの中で答えが見つからなければ解決しない。言い合わなければ、そこをぶつけ合わさなければ団体スポーツは伸びないんですよ。間違いは間違いなんだから。

それとね、わたしはやっぱり15歳の時に家から社会に出て行くときに母から贈られた言葉が基本になってるんですよ。それは「恨んじゃいけないよ。妬んじゃいけないよ。羨ましいって思っちゃいけないよ」って言うんだけど、それがいつも身に沁みるんですよ。それは実際ホントに当たり前のこと

なんだけど、でも人間はどこかでそれが出来ない。妬みとかそねみとかがやっぱり出てきちゃうんですよ。オリンピックは12人。1番から12番。レギュラー6人と補欠6人。またそこにも入れない人。その評価は他人がするわけだから、この「自分じゃどうにもならないんだ」っていうことを受け入れられるかどうかっていうところで、結局いろんなことが出て来るんですよ。

はい。

さっきの母の言葉と、この「評価は他人がする」っていう言葉が好きです。これを言われたのはわたしが人間関係で苦しんでいた時だったんですよ。ある先輩にビシッと「ビック、自分で自分のこと判断しちゃ駄目だよ。自分があの人より上だとか駄目だとか決めたってしょうがない。評価は他人がするんだよ」ってそんなふうに言われたんですよ。自分が頑張った頑張ったって思っても他人がそれを評価してくれなければそれはただの自己満足だって。で、他人が認めてくれないってのを自分がこんなに頑張ったっていう思いから逆恨みするっていうのが一番自分を伸ばさない、成長させないことなんだよって。それは醜い、見苦しいことなんだよって。

でも、多いですよね。

多い多い。世の中はそういうことだらけですよ。自分を飾ってありもしないことで大きく見せようとしたりね。学歴詐称とかね。悲しいなって思うし、寂しいなって思うけども、そんなこと言うとあれだけど、女の人同士とかだとお互いの比較の絶対的なものをほじくり合っていろいろ飾り始めるっていうのがありますからね。

お母さんの「恨むな、妬むな、羨むな」っていう教えとも関係してきますね。

そうですね。母がものさしをくれたんですね、人生の船出っていう小娘に。ありがたいですね。もちろんわたしの人生上のいろんな判断は人騒がせで勝手だって言われることだらけだったんですけどね。その辺は弁解しませんが、ただ「思い上がるな」っていう母の教えだけは貫いたと思います。

なんというか……説明が必要なことばかりですからね。

まあ、だいたいこんなふうに本を出すっていうことは、つらつら自分のことをあーだこーだって思いだしていく訳だから、それこそ自己評価って言う話になっちゃうのかもわかんないけど。でもまあわたしは基本嘘は吐かない人間なんですよ。そりゃ冗談とかさ、ちっちゃい嘘は吐くかもわかんないけど、へたに自分を美化したり、無いことをあるようにしたりね、出来ないのに出来るとかね。そういうのは本当に嫌いなんですよね。馬鹿正直っていうかね、自分の思ってることを何でもその場で言っちゃう？　だから駄目って散々言われたんだろうけども、それでも気持ち悪いから全部出しちゃう。で、自分の中でも嫌いだから、そういう人には嫌いっていう態度を取っちゃうんですよね。でもそれで後悔したことは無いんですよね。

そこなんですね、白井さんは結局。

そこを分かってくれてる人がわたしを引っ張ってくれてんだと思うの。こんな人間だからわたしを嫌いな人も一杯いるでしょうね。何でもズケズケ言うから。粗野で考え無しだみたいに言われますよ。それでもいいんですよ。わたしを好きだっていう人が、人数なんか少なくたって良いんですよ、一人でもいたらそれがわたしの証拠になる。支えになるんです。それがずっと若い時から貫いて来たわたしなんだなァっていうことで。

わたしは好きですよ。スポーツで良い汗かいたみたいな気分です。

ありがとう、ここに一人いたワ（笑）。

あとがき

山崎　玲（TBS）

白井貴子さんとふとした御縁から対談をさせていただいてから早いもので2年の歳月が経ちました。その間、リオオリンピックがあったり初の女性監督が誕生したり女子バレーボールにもいろいろな動きがありました。そして大きな目標である東京オリンピックが迫ってきている今ここで本としてまとめることが出来て正直ホッとしています。白井さんが語った彼女の人生の場面場面は、およそ一般的な人生には有り得ないことの連続なのですが、その場面で彼女自身はいつも「普通の人」であり続けているというのが私の一番の強い印象です。そしてそれはあの昭和という時代に何か共通していたみんなの気持だったんじゃないかなと思ったのです。もし後の世の人が「昭和の若者ってどんな気持ちだったの？」と疑問に思った時にこの本を一読すれば全部わかる教科書のような本だなとどこかで思っています。

「人生はショートステイだと思う。だからこそ今を頑張んなきゃいけない。」白井さんの何気ない一言には凄味があります。「今、もえる理由」というこの本のタイトルもそうです。お話ししながらも、起こした文字を見ていてもそういうインパクトを色々感じました。白井さんは姿かたちの圧倒的な存在感もある上に大きな声で正面からざっくりモノを仰るから、ちょっと怖いところがあるんだけれども、でもその内側はざっくばらんで細やかで優しい。よくよく喋り合ってやりとりをしているとそれは心の中の真実そのものなのだと分かります。とにかくうわべな事は仰らない。そういうチャラっとした話になるとそっぽを向く感じで、そのかわり正直な話になると小気味良いばかりに突き進む。これは誰にも出来ることでは無く、相手によっては白井さん自身が仰っているように損な事になるかも分かりません。でもそれこそが白井さんなのだなと。表層的な世界を相手にしてもキチッと物言いが出来る、添加物ゼロの貴重なエッセンスなのだなと思う訳です。

白井さんの進まれた道は縁（えにし）そのもの。人生の中でふと出逢った誰か、その言葉、気持と触れ合って自分が変わっていく。積極的にそうしなければ何も起きないという運命の不思議を実現した人。この私にしてもひょんな出会いでした。まずバレーボールどころかスポーツの一切にご縁のない一介の凡人で、白井さんの聞き役としてノコノコ出てくる理由もなかったのですが、逆にそういう条件をまた運命と思いながらごく気軽に楽しく会話させていただきました。この本はラクチンな心の交流で出来ております。また読み返したくなるような、皆様の明るいコレクションになれることを願っています。ありがとうございました。

『今、もえる理由』
—全日本のエースが語る、わたしとバレーボールの熱き 50 年—

2019 年 4 月 3 日　初版第一刷発行

●著　　者　白井貴子
　　　　　　山崎　玲
●発 行 者　伊東英雄
●発 行 所　愛育出版
〒 116-0014
東京都荒川区日暮里 5-5-9
電話 03(5604)9430
ファクシミリ 03(5604)9430
info@aiikushuppan.co.jp
●装幀／組版　株式会社プロシード
●印 刷 製 本　恵友印刷株式会社

定価はカバーに表示してあります。
万一、乱丁落丁などの不良品がありました場合はお取り替えいたします。

ISBN978-4-909080-84-4　C0036